Decision Support
für barrierefreie Webpräsenz

Europäische Hochschulschriften
Publications Universitaires Européennes
European University Studies

Reihe V
Volks- und Betriebswirtschaft

Série V Series V
Sciences économiques, gestion d'entreprise
Economics and Management

Bd./Vol. 3140

PETER LANG
Frankfurt am Main · Berlin · Bern · Bruxelles · New York · Oxford · Wien

Valeska Heerdt

Decision Support für barrierefreie Webpräsenz

PETER LANG
Europäischer Verlag der Wissenschaften

Bibliografische Information Der Deutschen Bibliothek
Die Deutsche Bibliothek verzeichnet diese Publikation in der Deutschen Nationalbibliografie; detaillierte bibliografische Daten sind im Internet über <http://dnb.ddb.de> abrufbar.

ISSN 0531-7339
ISBN 3-631-53012-9

www.peterlang.de

„The power of the Web is in its universality. Access by everyone regardless of disability is an essential aspect.“

– Sir Timothy J. Berners-Lee , W3C Direktor und Erfinder des World Wide Web –

VORWORT

Barrierefreie Webpräsenzen werden oftmals auf eine ethisch-soziale Verpflichtung reduziert oder als kostenintensive technische Spielerei eingeschätzt – die durch einen barrierefreien Webauftritt eröffneten Geschäftsmöglichkeiten bleiben hingegen oft unerkannt. Das Ausmaß dieser Einschränkung betriebswirtschaftlich fassbar zu machen, stellt die Motivation zur vorliegenden Arbeit dar. Für die Hinführung zum Themengebiet sei Herrn Univ.-Prof. Dr. A Min Tjoa (Vorstand des Instituts "integriert studieren" an der Technischen Universität Wien) an dieser Stelle herzlich gedankt; ebenso gilt es Herrn ao. Univ.-Prof. Dr. Klaus Miesenberger (stellvertretender Institutsvorstand des Instituts "integriert studieren" an der Johannes Kepler Universität Linz) Dank und Anerkennung für seine wertvolle Unterstützung auszusprechen.

Vor dem Hintergrund absehbarer, zukünftiger Entwicklungen bezüglich Befindlichkeit und voraussichtlicher technischer Ausstattung großer Gruppen von Web-Benutzern – beispielsweise Personen mit eingeschränkten visuellen Fähigkeiten – stellt die vorliegende Arbeit in verständlicher, kundiger und fundierter Weise die Notwendigkeit und die Auswirkungen barrierefreier Webpräsenzen dar. Die Autorin erweitert die bereits angesprochene reduzierte Sichtweise und ergänzt die bislang fast ausschließlich in einem technischen Kontext behandelte Thematik um einen betriebswirtschaftlichen, quantitativ orientierten Zugang; dies mit der Zielsetzung, dem Manager einen ersten Zugang zum Entscheidungsprozeß zu bieten und ihn mit vertrauten Kalkülen bei der Entscheidung für oder gegen einen barrierefreien Webauftritt zu unterstützen. Untermauert durch ausgezeichnet aufbereitetes, umfangreiches statistisches Zahlenmaterial, zeigt sie auf, mit welchen Zuwachsraten betroffener Nutzer, die gleichzeitig potenzielle Kunden sind, in den nächsten Jahren zu rechnen sein darf und gibt darüber hinaus einen Einblick in die Einkommensentwicklung dieser Nutzergruppe.

Dem weit verbreiteten Vorurteil gewinnorientierter Unternehmen, den hohen Kosten einer barrierefreien Webpräsenz stünde kein entsprechender Nutzen gegenüber, begegnet dieses Buch mit einem detaillierten und systematischen

Einblick in jene Kosten- und Nutzenfaktoren, die eine ausschließlich rationale Managemententscheidung für oder gegen Accessibility beeinflussen. Zur Verdeutlichung der Einflussfaktoren und Nutzeneffekte wird ein quantitativer Ansatz entwickelt, der vorhandenes Nutzenpotenzial unter Zugrundelegung durchschnittlicher, typischer Kosten für Unternehmen unterschiedlicher Größenkategorien zeigt. Über die Kosten für einen Prozentpunkt der Reichweitenerhöhung gelingt es, die geschätzten Kosten mit den ermöglichten Geschäftsvorteilen durch gesteigerte Nutzerzahlen, die in diesem Kontext gesteigertes Käuferpotenzial bedeuten, zu verknüpfen. Das entwickelte Rahmenwerk unterstützt die Überwindung der ersten Hürde, der sich ein Unternehmen gegenübersieht, wenn es vor der Frage steht, ob sich im konkreten Anwendungsfall ein barrierefreier Webauftritt überhaupt lohnen kann und bietet für eine optionale, fallspezifische Detailanalyse einen ausgezeichneten Ausgangspunkt und ein äußerst hilfreiches Grundgerüst.

Die vorliegende, betriebswirtschaftlich orientierte Arbeit leistet einen wichtigen Beitrag zur Anerkennung und Erfüllung der Bedürfnisse von Menschen mit reduzierter Wahrnehmungsfähigkeit oder eingeschränkten Möglichkeiten das Web als eines der wichtigsten Medien unserer Zeit zu nutzen und ihnen all jene Möglichkeiten zu bieten, die auch andere Nutzer im Web vorfinden.

Wien, im Februar 2005 Christine Strauß

INHALTSVERZEICHNIS

Abbildungsverzeichnis

Tabellenverzeichnis

ABKÜRZUNGEN UND AKRONYME

ADA	Americans with Disabilities Act
ADSL	Asymmetrical Digital Subscriber Line
AIM	Austrian Internet Monitor
ALS	Amyotrophe Lateralsklerose
AOL	America Online
ARPA	Advanced Research Projects Agency
AT	Assistive Technology
AWARE	Accessible Web Authoring Resources and Education
BehiG	Behindertengleichstellungsgesetz
BehiV	Behindertengleichstellungsverordnung
BGG	Bundesbehindertengleichstellungsgesetz
BGStG	Behindertengleichstellungsgesetz
BIK	barrierefrei informieren und kommunizieren
BITV	Barrierefreie Informationstechnik Verordnung
BIZEPS	Behindertenberatungszentrum, Zentrum f. Selbstbestimmtes Leben
BMGS	Bundesministerium für Gesundheit und Soziales
BMSG	Bundesministerium für soziale Sicherheit und Generationen
BMWI	Bundesministerium für Wirtschaft und Arbeit
BSI	Bundesamt für Sicherheit in der Informationstechnik
BPS	Bits pro Sekunde
B-VG	Bundesverfassungsgesetz
CC	Corporate Citizenship
CERN	Centre Européenne pour la Recherche Nucléaire
CMS	Content Management System
CSR	Corporate Social Responsibility
CSS	Cascading Style Sheet
DDA	Disability Discrimination Act
DRC	Disability Rights Commission
E-Business	Electronic Business
E-Commerce	Electronic Commerce
E-GovG	E-Government Gesetz
E-Mail	Electronic Mail
EGVG	Einführungsgesetz zu den Verwaltungsverfahrensgesetzen
EJMB	Europäisches Jahr der Menschen mit Behinderungen
ERCIM	European Research Consortium for Informatics and Mathematics

ESPN	Entertainment and Sports Programming Network
EYPD	European Year of People with Disabilities
FAQ	Frequently Asked Questions
FAZ	Frankfurter Allgemeine Zeitung
FTP	File Transfer Protocol
GfK	Gesellschaft für Konsumforschung
GUI	Graphical User Interface
HREOC	Human Rights and Equal Opportunity Commission
HTML	Hypertext Markup Language
IBM	International Business Machines Corporation
ICF	International Classification of Functioning, Disability and Health
ICQ	„I seek you“
IKT	Informations- und Kommunikationstechnologien
INRIA	Institut national de recherche en informatique et en automatique
IRC	Internet Relay Chat
ISDN	Integrated Services Digital Network
ISO	International Organization for Standardization
JAWS	Job Access with Speech
KMU	Kleine und mittlere Unternehmen
MIT	Massachusetts Institute of Technology
MS	Multiple Sklerose
NFB	National Federation of the Blind
NSF	National Science Foundation
OCR	Optical Character Recognition
OECD	Organisation for Economic Cooperation and Development
PDA	Personal Digital Assistant
RNIB	Royal National Institute of the Blind
RSI	Repetitive Strain Injury
SAP	Systeme, Anwendungen, Produkte
SD	Sustainable Development
SOCOG	Sydney Organizing Committee for the Olympic Games
TCP/IP	Transmission Control Protocol/Internet Protocol
TS	Technical Specification
UN	United Nations
W3C	Word Wide Web Consortium
WAI	Web Accessibility Initiative
WebAIM	Web Accessibility in Mind
WCAG	Web Content Accessibility Guideline
WHO	World Health Organization
WWW	World Wide Web
XHTML	Extensible HyperText Markup Language
XML	Extensible Markup Language

1 EINFÜHRUNG

1.1 Einleitung

> „The Web has become a commodity that everyone has to have and everyone needs to use because it is built upon the most important commodity of the net millennium: information.“ (Paciello, 2000, S. 4).

Der Zugang zum Internet ist in den vergangenen Jahren zu einem kontroversen Thema geworden, zu dem die unterschiedlichsten Meinungen und Ansichten bestehen. Ein Bewusstsein oder Verständnis für Menschen, die von diesem wichtigen Kommunikationsmittel und dieser Informationsquelle ausgeschlossen sind, ist erst in geringem Maße vorhanden. Unter einem *vollständigen* Webzugang versteht man, dass Webinhalte für alle Nutzer zugänglich sind. Durch die Wahl des Benutzeragenten (z.B. Sprachbrowser oder Mobiltelefon) oder auch durch die Art der Einschränkung, unter der sie agieren (laute Umgebung oder schlechte Beleuchtung u.ä.), unterscheiden sich diese betroffenen Nutzergruppen (vgl. WAI WCAG WG, 1999b). Barrierefreiheit auf eine reine Angelegenheit assistiver Technologien zu reduzieren, ist eine verbreitete Ansicht. Dieser Ansatz ist jedoch irreführend und behindernd, da Barrierefreiheit vielmehr eine Frage korrekten Webdesigns ist (vgl. Slatin, 2002, S. 9f). Betrachtet man die Größe der benachteiligten Usergruppe und die entstandene Nachfrage nach zugänglichen Webauftritten, erscheint die Zahl der barrierefreien Angebote unverhältnismäßig klein.[1] Die Diskrepanz zwischen dieser Nachfrage und dem Angebot an zugänglichen Websites wird noch offensichtlicher, wenn man bedenkt, dass bereits fast die Hälfte aller europäischen Unternehmen (46%), im Jahr 2000 eine eigene Website hatte. Hierbei ist eine erhebliche Kluft zwischen Klein- und Mittelbetrieben (KMU)[2] einerseits und großen Unternehmen anderseits feststellbar:

---

[1] Vgl. die Studie „e-Banking – Nur eine Ansichtssache“ (defrag your mind, 2004) und die Untersuchung der Disability Rights Commission in Großbritannien (Disability Rights Commission, 2004).

[2] KMU: Kleine und mittlere Unternehmen; der Begriff „Mittelstand“ wird hierzu synonym verwendet. Im englischen Sprachgebrauch spricht man von SMEs (Small and Medium-Sized Enterprises), vgl. auch Kapitel 4.1.1.

Bereits 80% der großen Firmen sind im Web mit einer Internet-Präsenz vertreten, jedoch nur 44% der KMU's (siehe Deiss, 2002, S. 2). In den folgenden zwei Jahren stieg der Prozentsatz der Unternehmen mit eigener Website auf 55% (vgl. Ottens, 2003, S. 1). Diese Zahlen belegen, dass weiterhin viele Unternehmen in nächster Zukunft eine Website erstellen werden. Wie auch Unternehmen, die einen Relaunch ihrer Website planen, sind diese Unternehmen dabei mit dem Thema „Barrierefreiheit" konfrontiert und müssen dieses anhand Kosten-/Nutzenüberlegungen berücksichtigen. Ein Hindernis hierbei ist die schwierige Quantifizierbarkeit der involvierten Kosten- und Nutzenfaktoren, wodurch die Umsetzung barrierefreier Webpräsenzen erschwert wird. Unternehmen sollten daher in ihrer Entscheidungsfindung für Accessibility unterstützt werden, sodass die anfänglich höheren Kosten nicht bereits die weiteren Überlegungen untergraben. Webdesigner und deren Kunden scheinen oft – bewusst oder unbewusst – die Bedürfnisse von Menschen mit Einschränkungen zu ignorieren (vgl. Slatin, 2002, S. 11) Aus diesem Grund ist es wichtig, durch entsprechende Information oder gesetzliche Vorgaben sicherzustellen, dass der Zugang zum Internet und zu Webangeboten für alle Mitglieder der Gesellschaft barrierefrei zugänglich ist – ungeachtet ihrer technischen oder physischen Möglichkeiten.

Durch falsche Kostenvorstellungen und Unkenntnis der nutzbringenden Konsequenzen einer barrierefreien Site werden Webauftritte nach den Richtlinien der Barrierefreiheit nur selten angeboten (vgl. Chambers of Commerce of Ireland, 2002, defrag your mind, 2004 und Icomedias, 2003). Diese Arbeit erklärt daher im ersten Kapitel die grundlegenden Begriffe zu dem Thema Barrierefreiheit. Die Entstehung und Entwicklung des Internets werden ebenso erläutert, wie die Darstellung der Barrieren, mit denen Menschen mit Behinderungen konfrontiert sind. Es wird dargelegt, wie viele und welche Gruppen von Menschen mit diesen Einschränkungen im Internet konfrontiert werden. Im zweiten Kapitel wird detailliert auf das Thema Barrierefreiheit eingegangen. Es wird die rechtliche Situation anhand einiger beispielhaft genannter Länder aufgezeigt und die Handhabung durch Konzerne und Initiativen mit dem Thema Accessibility dargelegt. Kapitel 3 gibt einen Einblick in die Vorteile einer barrierefreien Website, wie auch in die involvierten Risiken und Kosten bei Missachtung der Bedürfnisse von Menschen mit speziellen Bedürfnissen. Diese Faktoren umfassen sowohl rechtliche (z.B. Prozesskosten), soziale als auch wirtschaftliche (z.B. Image) Faktoren. Ebenso wird hier auf die Kosten einer Website und die entstehenden Zusatzkosten der Implementierung barrierefreier Richtlinien eingegangen. Die potenziellen Umsatzzuwächse durch neue Nutzer werden ebenso erläutert wie die Entwicklung der einzelnen Faktoren in der Zukunft. Kapitel 4 analysiert in einem ersten Schritt anhand unterschiedlicher Unternehmensgrößen die absoluten und relativen Kosten, sowohl einer barrierefreien als auch einer konventionellen, unzugänglichen Website. In einem zweiten Schritt wird der Vorteil der zusätzlichen Nutzer, d.h. die erhöhte Reichweite einer barrierefreien Website mit diesen Kosten verbunden. Mit dem Ansatz der Kosten pro Reichweitenprozent wird ein Grundgerüst für die Entscheidungsfindung dargelegt. Kapitel 5 stellt abschließende Bemerkungen an und bietet einen Ausblick auf mögliche künftige Untersuchungs- und Analysemöglichkeiten.

1.2 Das Internet

Man kann das Internet unbestritten als *das* Medium der heutigen Zeit bezeichnen. Kaum eine technische Entwicklung zuvor hat es bewerkstelligt, innerhalb kürzester Zeit Wirtschaft, Kultur, Privatleben und Gesellschaft so zu verändern und sich als unerlässliches und selbstverständliches Alltags- und Massenmedium zu etablieren. Weltweit werden heute die diversen Dienste des Internets genutzt: kaum einer der nicht schon einmal im Netz „gesurft“, nach Informationen gesucht bzw. eine E-Mail geschrieben hat. Das Internet gehört längst für Millionen von Menschen so selbstverständlich zum Alltag wie der Fernseher oder das Telefon. Die Schnelligkeit, Transparenz, Einfachheit, Interaktivität, Reichweite, Attraktivität und das universell verfügbare Wissen des Internets haben zum schnellen und anhaltenden allgemeinen Erfolg beigetragen, so dass ein Verzicht auf das Internet für viele unvorstellbar ist.

1.2.1 Entstehung und Entwicklung des Internets

> „Das Internet hat viele Väter und nicht ein exaktes Datum seiner Geburt. Vielmehr sind viele technologische Entwicklungen summarisch für den Erfolg des Netzwerks verantwortlich.“ (Hinner, 2001, S. 192)

Das Internet entstand während des Kalten Krieges in den USA. Es wurde Ende der 1960er Jahre aus dem ARPANET, dem ersten Computer-Netz der „Advanced Research Projects Agency“ (ARPA)[3], einer Abteilung des US-amerikanischen

[3] US-amerikanische Koordinierungsstelle für die Entwicklung neuer Technologien auf dem Rüstungssektor

Verteidigungsministeriums, in Zusammenarbeit mit verschiedenen Universitäten entwickelt (vgl. Hinner, 2001, S. 193). Ziel dieses Netzes war es, in erster Linie dem Militär, ursprünglich jedoch den Wissenschaftern und Forschern, rasche und effiziente globale (im Falle eines nuklearen Angriffs krisensichere) Kommunikation sowie Daten- und Informationsaustausch zu ermöglichen.

Mit der weiteren Vernetzung und Entwicklung des US-amerikanischen „National Science Foundation" (NSF)[4] entstand dann das *Internet* (auch kurz „Netz" oder „Net" genannt), wobei die Bezeichnung als Kunstwort aus der Abkürzung für „*Inter*connected *Net*work" hergeleitet wurde. Das Internet besteht aus globalen, vernetzten, eigenständigen Computern (Netzwerk), die untereinander über Protokolle (TCP/IP[5]) kommunizieren und deren Verbindung bestehen bleibt, auch wenn ein Teil des Netzes ausfällt.

Der eigentliche Durchbruch kam jedoch erst mit dem World Wide Web (WWW), das Ende der 1980er Jahre entwickelt wurde und das Internet auch für „IT-Laien" benutzbar machte.[6] Der britische Informatiker Timothy (Tim) Berners-Lee[7] entwarf – mit der Idee ein wirksames und einfach zu bedienendes globales Informationssystem zu entwickeln – ein Hypertext-System[8]. Somit war es möglich, relevante Informationen und Multimedia-Dateien ohne Aufwand zu verknüpfen und die einfache Navigation im umfangreichen Datenangebot zu ermöglichen. Dadurch war der Grundstein für das Internet in der heutigen Form gelegt.

Das exponentielle Wachstum des Internets begann mit dem WWW Anfang der 1990er Jahre und hält bis heute unvermindert an. Das Internet breitete sich von der anfänglich rein wissenschaftlichen Nutzung der Universitäten auch auf Organisationen, Unternehmen und auch in den privaten Bereich aus und hat

---

[4] National Science Foundation: US-Regierungsbehörde für Wissenschaftsförderung

[5] Transmission Control Protocol/Internet Protocol, d.h. Übertragungskontroll-Protokoll/Internet-Protokoll

[6] vgl. CERN „The World Wide Web": http://public.web.cern.ch/public/Content/Chapters/AboutCERN/Achievements/WorldWideWeb/WWW-en.html

[7] Zu der Zeit am Europäischen Kernforschungszentrum CERN (Centre Européenne pour la Recherche Nucléaire) tätig, gründete Berners-Lee 1994 das World Wide Web Consortium (W3C), dem er bis heute als Direktor vorsteht.

[8] Hypertext wird mit HTML (Hypertext Markup Language) und Hyperlinks (Querverweise) geschrieben. HTML ist eine Text-Auszeichnungssprache, die den Aufbau von Hypertextdokumenten beschreibt, (z.B. Textformatierungen, Tabellen, Bilder). Durch Hyperlinks (auch kurz „Links") wird in einem Text auf andere Textstellen, Medien oder Dokumente verwiesen. Eine Aktivierung eines als Link markierten Elementes erfolgt durch Anklicken mit der Maus.

heutzutage Millionen von privaten und kommerziellen Nutzern. Das Hauptmotiv für die weite Verbreitung ist sicherlich in seinen verschiedenartigsten Nutzungsmöglichkeiten und der 24-stündigen Erreichbarkeit zu finden, die das Potenzial anderer Medien weit übertreffen. Mit der Popularität kamen auch die Kommerzialisierung der ursprünglich nicht auf Gewinn gerichteten Einrichtung und die weltweite Verbreitung. Es folgte ein Internet-Hype, der bis heute ungebrochen ist, auch wenn zahlreiche Unternehmen die „Dotcom“[9]-Krise nicht überstanden haben.

Das Internet ist aus der heutigen Zeit nicht mehr wegzudenken. Es ist ein ständig wachsendes Medium, dessen Grenzen sich zu anderen Informations- und Kommunikationstechnologien (IKT) allmählich verwischen: Die Verschmelzung bzw. Integration mit Telefon, Radio und Fernsehen schreitet immer weiter voran und ist auch erklärtes Ziel der Entwickler und Betreiber.[10] Das Internet hat sich somit in allen Lebensbereichen zu einem der am schnellsten wachsenden Individual-Kommunikationsmedien entwickelt.

1.2.2 Dienste im Internet

Im Informations- und Kommunikationsmittel Internet[11] werden verschiedene Dienste angeboten; zu den wichtigsten und beliebtesten zählen das WWW und E-Mail.

- *World Wide Web (WWW): Weltweites Netz*

Das WWW setzt sich aus zahlreichen „*Websites*“[12] mit graphischer Benutzeroberfläche (GUI[13]) zusammen, die aus Texten, Bildern, Klängen, Video-

---

9 Bezeichnung für Internetfirma, die primär oder ausschließlich im Internet aktiv ist (Duden, 2001, S. 33f).

10 Vgl. hierzu z.B. Aussagen von Bill Gates, dem Gründer von Microsoft (Gates, 2002, S.115).

11 Die technischen Voraussetzungen für die Benutzung des Internets sind ein Computer mit Modem, eine Telefonleitung und ein „Provider“, der den Zugang zum Internet gegen Gebühr anbietet.

12 Unter Website, auch Web- oder Internetpräsenz bzw. -auftritt, versteht man die Darstellung einer Organisation oder einer Privatperson im WWW. Fälschlicherweise oft auch mit „Homepage“ gleichgesetzt, obwohl diese nur die Startseite einer Website umfasst. Eine Website ist die Summe aller einzelnen Webseiten.

13 Graphical User Interface

Sequenzen und anderen digitalen Daten bestehen, die durch Hyperlinks untereinander verknüpft sind. Dadurch wird ein nicht-sequentielles Lesen durch das Hin- und Herspringen zwischen den Dokumenten gestattet. Die Client-Software für die graphische Darstellung der Webdokumente bezeichnet man als „Browser"; das „Durchklicken" von Seite zu Seite wird umgangssprachlich auch als „*surfen*"[14] bezeichnet. Mit der bequemen Bedienung und der einfachen Navigation mittels einer Computer-Maus und der Integration bisher getrennter Dienste spricht das WWW ein weitaus größeres Publikum an, als es bisher mit anderen Medien möglich war. Da technisches Wissen kaum notwendig ist, konnte sich das WWW als Informationsmedium für die Allgemeinheit etablieren. (Im allgemeinen Sprachgebrauch wird das WWW oft mit dem Internet gleichgesetzt, obwohl es nur eine der möglichen Nutzungen des Internets ist.)

- *E-Mail (Electronic Mail): elektronische Post*

Benutzer können mittels eines eigenen Mailprogramms über das Internet durch sog. E-Mail-Adressen mittels des Kommunikationsnetzes Nachrichten mit anderen Benutzern oder Benutzergruppen austauschen. Die Übermittlung erfolgt in nur wenigen Sekunden (Echtzeitkommunikation) und hat außer den Internet-Zugangsgebühren keinerlei Kosten. An den Text der E-Mail können Dateien beliebigen Typs als Anhang angefügt werden, die als „Attachment" bezeichnet werden.

Zu den weiteren angebotenen Diensten gehören:

- *Newsgroups*: virtuelle Diskussionsforen zu den diversesten Themen, im Stil von schwarzen Brettern

- *Chat*: User kommunizieren schriftlich oder auch mittels Audio- und Videokommunikation in Echtzeit miteinander (z.B. ICQ[15], IRC[16], Messenger)

[14] Daher auch der Ausdruck „Lost in Cyberspace": Beim Surfen kann leicht die ursprüngliche Fragestellung oder das Ziel aus den Augen verloren werden.

[15] Instant Messaging; Herleitung von „I seek you"

[16] Internet Relay Chat

- *File Transfer Protocol* (FTP): Übertragung und Austausch („Up-, Download") von Daten aus Dateiarchiven (Software, Dokumente, Graphiken, Berichte etc.)

- *Telnet*: Zugriffsmöglichkeit auf andere entfernte Rechner (z.B. Homeworking oder E-Banking)

- *Mailing Listen*: elektronisches Abonnement neuester Nachrichten zu bestimmten Themengebieten

Das Internet hat mit seinen vielen Möglichkeiten viele Aspekte der Gesellschaft durchdrungen und ist im Geschäfts-, Bildungs-, Unterhaltungs- und Informationsbereich kaum wegzudenken. Ebenso ist die Nutzung des Internets um die Form des *„Intranets"* zur Kommunikation innerhalb eines Unternehmens erweitert worden und wird vermehrt auch als Benutzeroberfläche verwendet.

1.2.3 Demographische Aspekte des Internets

Über die Größe des Internets, bzw. die genaue Anzahl der Nutzer gibt es keine zuverlässigen Angaben; nach Schätzungen waren es im Jahr 2002 über 900 Mio. User weltweit.[17] Doch trotz der schnellen Verbreitung des Internets ist das neue Medium noch nicht so verbreitet wie traditionelle Medien z.B. das Telefon oder das Fernsehen. Es darf aufgrund vorliegender Zuwachsraten davon ausgegangen werden, dass sich dies bald ändern wird. In vier Jahren erreichte das Internet 50 Millionen User weltweit; dafür brauchten das Fernsehen 13, der Computer 16, das Radio 38 und das Telefon 74 Jahre (vgl. International Telecommunication Union, 1999, S. 4).

Die neuesten Ergebnisse der Europäischen Kommission und des „Online Monitors" des Marktforschungsunternehmens GfK belegen die weite Verbreitung des Internets in Europa und den USA: Österreich liegt vor Deutschland im Spitzenfeld mit einer Internetnutzung von 65% über dem europäischen Durchschnitt von 53% (Abbildung 1.1).

[17] vgl. Computer Industry Almanac, Pressemeldung 21.03.2002 http://www.c-i-a.com/pr032102.htm

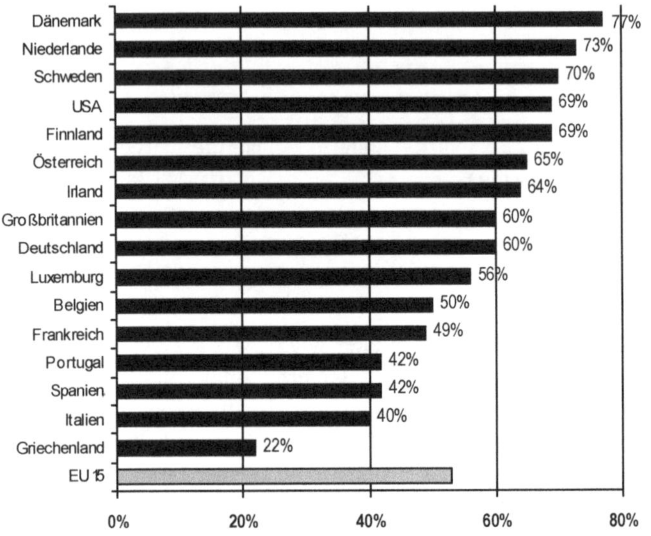

Abbildung 1.1: Internetnutzer (%)

Quelle: Europäische Kommission 2002a, S. 24 und GfK 2004, S. 4

Die Zahl der User in Österreich steigt kontinuierlich: bereits über 56% der Österreicher über 14 Jahre nutzen das Internet (Abbildung 1.2). Nicht nur die Vorreiter und „Computerfreaks" der Anfangszeit befassen sich in den letzten Jahren mit dem Internet, sondern auch Neueinsteiger, besonders ältere, nutzen das Internet vermehrt. Auch bestehende Zugangsmöglichkeiten zum Internet (zu Hause, Büro, Internetcafés etc.) werden regelmäßiger und vermehrt genutzt (vgl. Integral, 2003a, S. 4)

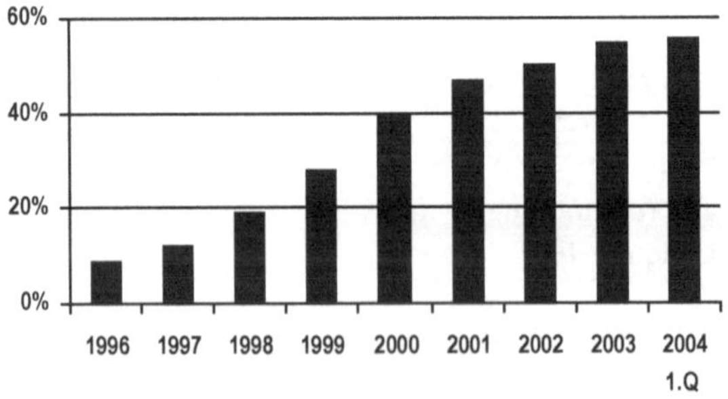

Abbildung 1.2: Entwicklung der Internetverwendung (Ö)

Quelle: GfK, 2004, S. 5

Die breite Durchdringung des Internets wird anhand eines Altersvergleiches besonders deutlich. So sind von den 14- bis 19-Jährigen bereits 93% online und bei der Altersgruppe von 20 bis 39 bereits über drei Viertel. Doch sind nicht nur die Jungen aktiv im Internet vertreten, auch die Älteren entdecken das Netz immer mehr für sich. Die Gruppe der 40- bis 49-Jährigen ist knapp dahinter mit 68% vertreten, die 50- bis 59-Jährigen bereits mit 51%. Auch die Senioren („60+") entdecken immer mehr die Vorzüge des Internets. Ihr Anteil hat sich bereits auf 16% gesteigert (vgl. Abbildung 1.3).

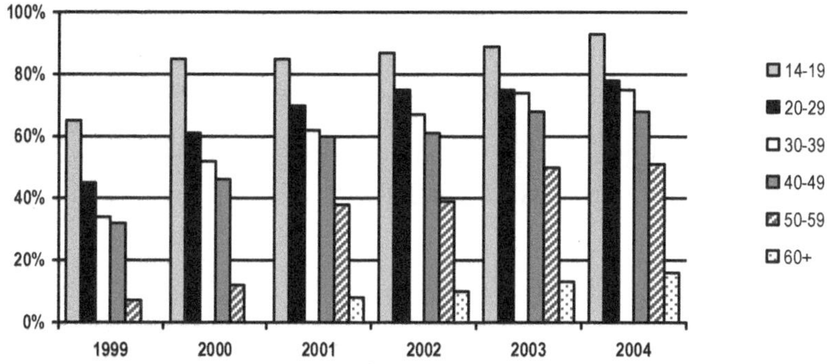

Abbildung 1.3: Internetnutzung nach Alter (Ö)

Quelle: Integral, 2001, 2002, 2003a und GfK, 2004, S. 6

Aus Abbildung 1.4 ist ersichtlich, dass sich die Altersstruktur der Internetnutzer immer weiter an die der Gesamtbevölkerung angleicht. Die Zahlen zeigen aber auch das noch deutlich vorhandene Entwicklungspotenzial von bis zu 20%, besonders für ältere Internetnutzer auf.

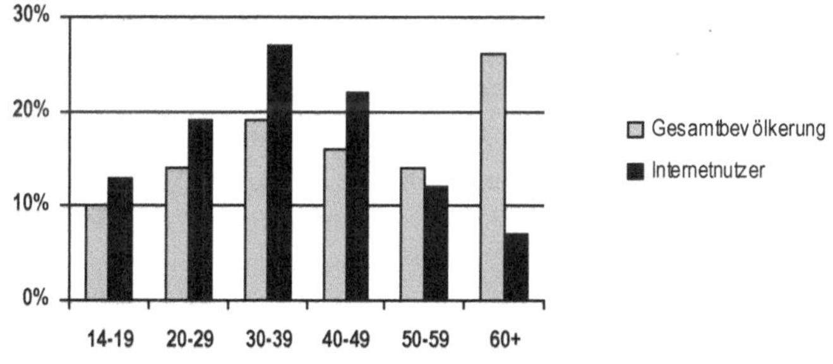

Abbildung 1.4: Altersstruktur: Gesamtbevölkerung und Internetnutzer (Ö)

Quelle: GfK, 2004, S. 6

Zusammenfassend kann festgehalten werden, dass die Nutzung des Internets weiterhin in allen Altersgruppen zunimmt, jedoch besonders die älteren Nutzerschichten noch großes Entwicklungspotential haben. Einer der Gründe für die eingeschränkte Nutzung des Internets durch Senioren liegt darin, dass diese häufiger körperliche Behinderungen aufweisen und somit mit Schwierigkeiten beim Zugang zum Web konfrontiert werden.

Das Internet setzt in den meisten Fällen – noch – voraus, dass sowohl alle Sinnesorgane als auch bestimmte Teile des Bewegungsapparates voll einsatzbereit sind. Dies ist aber in vielen Fällen, wie bei Senioren und Menschen mit Behinderungen nicht gegeben. Daher folgt ein Überblick über Menschen mit Behinderungen und die unterschiedlichen Arten von Behinderungen.

1.3 Menschen mit Behinderungen

In diesem Kontext ist besonders zu erwähnen, dass viele behinderte Menschen die Verallgemeinerung als „*Behinderter*“ als diskriminierend empfinden, da sie nicht in erster Linie über ihre körperliche Eigenart definiert werden wollen.[18] Daher sollten sie besser als „behinderter Mensch“ oder „Mensch mit Behinderung“ angesprochen und bezeichnet werden: „Ich bin in erster Linie Mensch und erst viel später behindert.“ (vgl. Firlinger, 2003, S. 22)

Eine allgemein gültige Definition von „*Behinderung*“ gibt es nicht, da diese so verschieden sind, dass man sie nicht exakt abgrenzen kann, doch „die meisten Behinderungsbegriffe unterscheiden nach Ursache, Art und Folgewirkung der Behinderung“ (Firlinger, 2003, S. 23).
Anstatt der früheren Klassifikation von „Schädigungen, Beeinträchtigungen und Behinderungen“ entwickelte die WHO die „International Classification of Functioning, Disability and Health“ (ICF)[19]. Bei dieser steht die Art und Weise, wie Menschen mit ihrer Behinderung leben und zurechtkommen im Mittelpunkt, und weniger die Beschreibung von Defekten und Defiziten (vgl. Firlinger, 2003, S. 23f, S. 121f). Die entstandene Checkliste dient als einheitliche Sprache zur

[18] Ebenso sollte man die Termini „an einer Behinderung leiden“ oder „an den Rollstuhl gefesselt“ vermeiden und statt dessen besser neutral „eine Behinderung hat“, „mit einer Behinderung lebt“ bzw. „benutzen einen Rollstuhl“ oder „sind auf den Gebrauch eines Rollstuhls angewiesen“ verwenden (Firlinger, 2003, S. 22).

[19] Internationale Klassifikation der Funktionsfähigkeit, Behinderung und Gesundheit

Beschreibung des funktionalen Gesundheitszustandes. Durch Auswahl in den Kategorien der Teilbereiche a) „Funktionsfähigkeit und Behinderung" mit den Komponenten „Körperfunktionen und –strukturen" und „Aktivitäten und Partizipation" und b) „Kontextfaktoren" mit den Komponenten „Umweltfaktoren" und „Personbezogene Faktoren" kann der Gesundheitszustand eines Menschen dokumentiert werden (Abbildung 1.5).

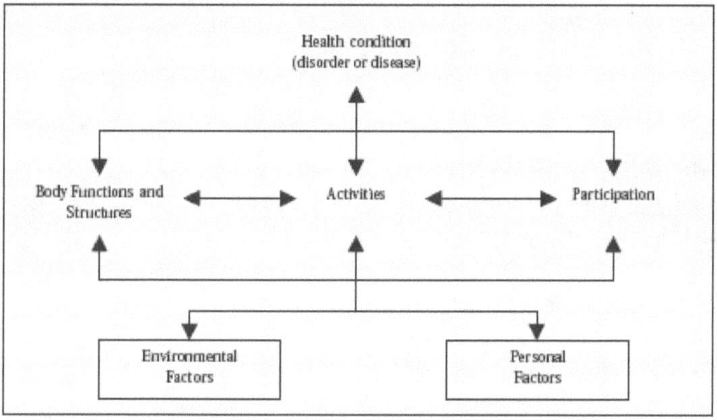

Abbildung 1.5: ICF Modell

Quelle: International Classification of Functioning, Disability and Health, S. 18

Der Begriff „Behinderung" ist sehr allgemein gehalten und gleichzeitig sehr komplex, da eine scharfe Trennung zur Nicht-Behinderung kaum möglich ist. Man versteht darunter jedoch im Allgemeinen eine Einschränkung von Funktionen und Entwicklungsmöglichkeiten, die eine reduzierte Lebensqualität bewirken kann. Behinderungen sind je nach Art, der sozialen Umgebung und der Persönlichkeit unterschiedlich ausgeprägt. Für das Gesetz und als Grundlage für Leistungen hat das Österreichische Komitee für Soziale Arbeit im Auftrag des Bundesministeriums für Arbeit und Soziales folgende Definition erarbeitet:

> „Behinderte Menschen sind Personen jeglichen Alters die in einem lebenswichtigen sozialen Beziehungsfeld körperlich, geistig oder seelisch dauernd wesentlich beeinträchtigt sind. Ihnen stehen jene Personen gleich, denen eine solche Beeinträchtigung in absehbarer Zeit droht. Lebenswichtige soziale Beziehungsfelder sind insbesondere die Bereiche Erziehung, Schulbildung, Erwerbstätigkeit, Beschäftigung, Kommunikation, Wohnen und Freizeitgestaltung." (BMSG, 2003, S. 9)

Behinderungen

- erreichen unterschiedliche Schweregrade,
- können dauerhaft oder nur kurzzeitig wirksam sein,
- angeboren, durch äußere Ereignisse erworben sein oder durch Erkrankung hervorgerufen werden
- und können durch äußere (z.B. ärztliche) Einwirkung beeinflussbar sein.

1.3.1 Arten von Behinderungen

Behinderungen sind sehr individuell und treten in verschiedensten Ausprägungen auf; nicht jeder Sehbehinderte ist gänzlich blind, nicht jeder Körperbehinderte gelähmt. Eine Kategorisierung ist in den seltensten Fällen möglich, doch kann man die folgende grobe Einteilung vornehmen:[20]

I. Sensorische Beeinträchtigungen

Sehbehinderungen:

❑ Blindheit

Es gibt mehrere Abstufungen von Blindheit, da viele Blinde über – wenn auch sehr eingeschränktes – Sehvermögen besitzen. Doch meistens versteht man darunter den völligen Verlust der Sehkraft. Viele Krankheiten und Bedingungen tragen dazu bei bzw. verursachen Erblindung (Grüner und Grauer Star, Gehirnlähmungen, Diabetes, Multiple Sklerose etc.).

❑ Sehbehinderung

Reichen gewöhnliche Brillen, Kontaktlinsen oder Operationen nicht mehr aus, um eine klare Sicht zu haben, spricht man von einer Sehbehinderung. Im Gegensatz zu völlig erblindeten Menschen, können Sehbehinderte, wenn auch mit Einschränkungen, sehen, was auch durch geeignete optische Geräte verbessert werden kann (z.B. Weit-, Kurzsichtigkeit, eingeschränktes Gesichtsfeld, Grauer Star).

❑ Farbfehlsichtigkeit

Farbfehlsichtige werden als Farbenblinde bezeichnet, da sie Schwierigkeiten haben, Farbpaare bzw. Farbkombinationen zu sehen bzw. zu differenzieren. Die

---

[20] Die Einteilung ist an das „Beeinflussungsschema" der WAI angelehnt (vgl. WAI WCAG WG, 1999c).

zum Sehen von Farben nötigen Zapfen der Netzhaut sind verändert, so dass betroffene Personen Farben verwechseln bzw. nicht voneinander unterscheiden können. Von dieser Sehschwäche betroffen sind meist Männer mit Rot-Grün-Blindheit aufgrund genetischer Vererbung.[21]

Hörbehinderungen:

- Gehörlosigkeit

Taube fühlen sich meist nicht als „Behinderte", da bei ihnen der Hörsinn nicht beeinträchtigt ist, sondern gar nicht vorhanden ist. Sie haben ihre eigene Form der Kommunikation, die Zeichensprache. Taube verfügen häufig auch über ein eingeschränktes Sprachvermögen bzw. sind gar nicht in der Lage zu sprechen.

- Schwerhörigkeit

Menschen mit Schwerhörigkeit haben bis zu einem gewissen Grad ihre Fähigkeit zu hören verloren und benötigen deshalb meist ein verstärkendes Gerät.

II. Motorische Beeinträchtigungen

Motorische Beeinträchtigungen bzw. physische Behinderungen treten in sehr unterschiedlichen Ausprägungen auf und reichen von einfachen Bewegungseinschränkungen bis zur völligen Lähmung (Querschnittslähmung). Je nach Art der Beeinträchtigung können nur Beine, Arme, Kopf oder Mund bzw. Teile davon bewegt werden. Zu diesem Zweck kann auch weiters in Geh-, Steh- Greif- und Oberkörperbehinderungen unterschieden werden. Körperliche Einschränkungen können in neuromuskuläre oder skelettbezogene Schädigungen unterschieden werden. Zu den neuromuskulären (Gehirn-, Muskel- oder Nerven-Schädigungen) gehören Lähmungen (Paralyse), Schwächen, Störungen der Steuerung (Spastik), Koordinationsprobleme und unfreiwillige Bewegungen (Tremor). Schädigungen der Knochen oder Gelenke betreffen Schädigungen des Skeletts, dazu gehören eine eingeschränkte Reichweite der Bewegung von Gelenken, kleine, fehlgebildete oder fehlende Glieder und Minderwuchs. Beispiele dafür sind (Querschnitts-)Lähmungen, Rückenmarksverletzungen, Muskelatrophie (Muskelschwund), Verletzung oder Fehlen von Extremitäten, RSI-Syndrom[22], Gelenks- und Nervenerkrankungen (Arthrose), Parkinson, Multiple Sklerose (MS).

---

[21] Dieser genetische Defekt ist geschlechtsspezifisch: etwa 8% aller Männer, aber nur ca. 0,5% der Frauen sind davon betroffen, vgl. Hellbusch, 2004, S. 11.

[22] Unter RSI-Syndrom, von der englischen Bezeichnung „Repetitive Strain Injury", versteht man durch wiederkehrende, monotone Belastung hervorgerufene Schädigungen.

III. Kognitive, psychische Beeinträchtigungen, Lern- und Sprachbehinderungen

Kognitive und psychische Behinderungen gehören zu den komplexesten und sind nur schwer zu kategorisieren. Unter diesen Begriff fallen alle Behinderungen, die nicht körperlicher, sondern psychischer oder mentaler Natur sind. Beispiele dafür sind intellektuelle Beeinträchtigungen oder Beeinträchtigungen des Denkens (Entwicklungsverzögerung, Demenz) sowie Beeinträchtigungen des Gedächtnisses (Vergesslichkeit, Amnesie, Konzentrationsschwierigkeiten, Kurzzeitgedächtnis).

Personen mit Sprach- und Sprechbehinderungen haben nur eine eingeschränkte Fähigkeit zu sprechen; in einigen Fällen ist es ihnen auch gar nicht möglich zu sprechen. Beispiele dafür sind Stottern und Lispeln, die in der heutigen Zeit gut therapierbar sind. Menschen mit Problemen bei der gesprochenen oder geschriebenen Sprache, mit Lese-Rechtschreib- (Legasthenie) oder Rechenschwächen (Arithmasthenie) und des logischen Denkens können unterschieden werden. Aber auch Analphabeten oder Personen mit schlechtem räumlichen Denk- und Vorstellungsvermögen fallen in diese Gruppe.
Bei geistigen oder seelischen Beeinträchtigungen fällt die Anpassung im sozialen Umfeld schwer, dazu zählen z.B. Klaustrophobie, Neurosen, Psychosen.

IV. Behinderung im weiteren Sinn

Der Begriff „Behinderung“ kann auch weitläufiger ausgelegt werden, da fast jeder im Laufe seines Lebens „behindert“, z.B. im Sinne einer Mobilitätseinschränkung, sein kann:

- ältere Personen
- Schwangere
- Kinder
- Personen mit Folgen eines Unfalles oder postoperativen Beeinträchtigungen[23]
- chronisch Kranke

[23] In der heutigen schnelllebigen und risikofreudigen Zeit ist insbesondere diese Gruppe stark angewachsen. Vermehrt werden Personen durch steigende Verkehrs- oder Sportunfälle mit einer Behinderung – gerade auch in jungen Jahren – konfrontiert.

1.3.2 Demographie

Behinderte Menschen stellen eine sehr heterogene Gruppe dar, da sie sehr in Ausprägung und Ursache ihrer Behinderung variieren. Die Bandbreite reicht vom Neugeborenen bis zum Hochbetagten, vom leicht bis zum schwerst- bzw. mehrfach behinderten Menschen.

In Österreich selbst gibt es daher keine präzisen Zahlen, doch kann man laut dem „Bericht über die Lage der behinderten Menschen in Österreich" von folgenden Schätzungen ausgehen (vgl. BMSG, 2003, S. 10): 29,9% der Bevölkerung (2,1 Millionen) weisen mindestens eine körperliche Beeinträchtigung auf und sind auf Hilfsmittel oder fremde Hilfe angewiesen. Von dieser Gruppe haben

6,7% eine Beeinträchtigung des Bewegungsvermögens[24],
6,4% eine Beeinträchtigung des Hörvermögens und
5,7% eine Beeinträchtigung des Sehvermögens[25],
1% weist psychische Behinderungen auf und
0,6% geistige Behinderungen.

Die Europäische Kommission geht im EU-Durchschnitt von einem Gesamtanteil von 14,5% von Menschen mit Behinderungen in der Altersgruppe von 16 bis 64 Jahren aus, davon weisen zwei Drittel moderate und ein Drittel schwere Behinderungen auf (Abbildung 1.6).

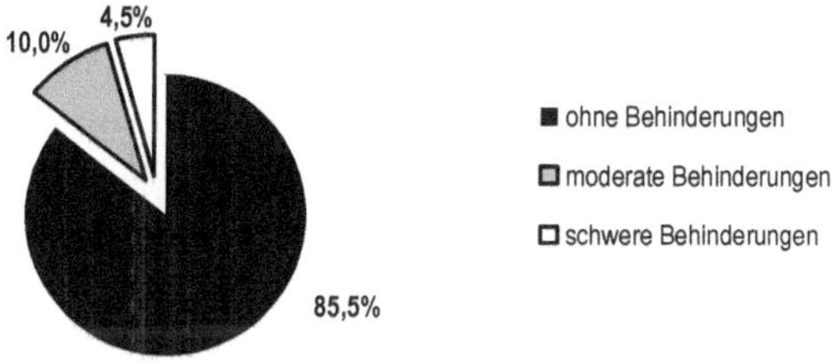

Abbildung 1.6: EU-Bevölkerung mit Behinderungen (Altersgruppe 16–64)

Quelle: Europäische Kommission, 2001, S. 8

24 4.000 Menschen mit Querschnittlähmung, 14.000 mit halbseitiger Lähmung, 24.000 im Rollstuhl; 60% der 60 bis 69-jährigen und 72% der 70 bis 79-jährigen sind körperlich beeinträchtigt.

25 43,4% der Bevölkerung weisen Sehbeeinträchtigungen auf, davon wurde bei 86,9% der Fehler durch Brille, Kontaktlinsen oder Operation behoben.

In den Ländern der Europäischen Union variiert der Anteil an Menschen mit Behinderungen an der europäischen Bevölkerung zwischen 10% und 15% (vgl. Tabelle 1.1).

Tabelle 1.1: Anteil der Bevölkerung mit Behinderungen in Europa

Land	%
Belgien	11,1
Dänemark	12,0
Deutschland	13,1
Finnland	8,3
Frankreich	10,2
Griechenland	9,0
Großbritannien	11,6
Irland	11,6
Italien	12,1
Luxemburg	10,5
Niederlande	11,9
Norwegen	12,0
Portugal	11,4
Schweden	12,0
Schweiz	1,6
Spanien	14,9

Quelle: Sandhu, 1995, S. 26

Abweichungen bei den Daten zwischen Ländern oder zwischen unterschiedlichen Datenquellen beruhen hauptsächlich auf unterschiedlichen Auffassungen von Behinderungen. Die resultierenden uneinheitlichen Kriterien zur Beurteilung einer Behinderung bringen eine gewisse „Unschärfe“ in vorliegende Vergleiche.

Tabelle 1.2 zeigt, dass die Hälfte der Personen mit Behinderungen und somit 5,8% der Bevölkerung Probleme mit den unteren Gliedmaßen hat und fast jeweils ein Fünftel der Betroffenen, d.h. 2% der Europäer, eingeschränkte sensorische Fähigkeiten, d.h. Seh- und Höreinschränkungen, aufweist.

Tabelle 1.2: Anteil und Verteilung der Menschen mit Behinderungen (EU)

Art der Behinderung	% der Bevölkerung	% der behinderten Bevölkerung
Motorisch		
– untere Gliedmaße	5,8	51,0
– obere Gliedmaße	1,9	17,0
Visuell	2,0	17,8
Auditiv	2,7	23,9
Psychisch	2,3	20,3
Verbal	1,1	10,0

Quelle: Sandhu, 1995, S. 26

Mit welchen Problemen Menschen mit Behinderungen im Internet konfrontiert werden, welche Barrieren Menschen auch ohne Behinderungen zu überwinden haben, und was letztlich die Barrierefreiheit ausmacht, zeigt das folgende Kapitel auf.

2 Barrierefreiheit

2.1 Der Begriff „Barrierefreiheit"

Im Allgemeinen assoziiert jemand mit dem Term „*Barrierefreiheit*" behindertengerechtes Design bautechnischer Einrichtungen: Behindertenparkplätze, Rollstuhlrampen, abgesenkte Gehsteige, größere Toiletteanlagen etc.
Tatsächlich ist das Thema jedoch wesentlich weiter gefasst; dazu gehört nämlich auch der Zugang zu:

- Wohnungen und Gebäuden
- Verkehrsmitteln
- Ausbildung und Beschäftigung
- Gütern und Dienstleistungen
- Information

Speziell dem freien Zugang zu Information wird noch kaum Beachtung geschenkt. Die Teilnahme an der Informationsgesellschaft gewinnt heutzutage für jeden Menschen immer mehr an Bedeutung; insbesondere dank der dadurch gewonnenen Erleichterung in den verschiedensten Lebensbereichen. Durch neue Technologien, in erster Linie durch das Internet, kann man Informationen schnell, orts- und zeitunabhängig einholen; es ist somit möglich, sozioökonomische, geographische, kulturelle, zeitliche und soziale Schranken zu überwinden. Somit ist die Barrierefreiheit des Internets von besonderer Wichtigkeit. Im Angloamerikanischen wird bei barrierefreiem Webdesign von „*Accessibility*"[26] gesprochen. Barrierefreiheit oder barrierefreies Internet bedeutet Webseiten so zu gestalten, dass sie von *jedem* gelesen und bedient werden können, d.h. dass Informationen insbesondere für Menschen mit Behinderungen uneingeschränkt zugänglich sind.

---

[26] Accessibility wird vereinzelt auch mit „Zugänglichkeit" und auch mit „behindertengerecht" übersetzt, besser jedoch mit „Barrierefreiheit". Der Begriff „*Accessibility*" setzt sich aus den Worten „*Access*" und „*Ability*" zusammen, also „Zugang" und „Fähigkeit", und bezeichnet damit die Eigenschaft einer Sache, einen Zugang bereitzustellen.

Von der ISO (International Organization for Standardization) wurde zu diesem Themenbereich die Norm ISO/TS 16071 bezüglich Software-Accessibility herausgegeben, die stark mit den Konzepten der Usability[27] (vgl. ISO 9241-11) verbunden ist, denn eine verbesserte Zugänglichkeit führt zu einer Steigerung der Effizienz, Effektivität und Zufriedenheit des Nutzers beim Gebrauch von Systemen.

In der Entstehungsphase des Internets gab es kaum Zutrittsbarrieren: Browser waren zu dieser Zeit strikt auf Text basierend, „keyboard configurable", und enthielten kaum Informationen in Form von Bildern. Somit war das Web damals zu einem hohen Grad auch für Blinde z.B. mit Screenreadern (siehe Kapitel 2.2.2) verwendbar. Doch dies änderte sich mit der Einführung von graphischen Browsern. Das Web entwickelte sich in Richtung Multimedia und wurde somit unzugänglicher für Behinderte, deren Bedürfnisse zumeist konträr zur graphischen Darstellung sind. Die Zugänglichkeit zu Informationen und Kommunikationsmöglichkeiten ist nur dann sichergestellt, wenn eine zielgruppengerechte Aufbereitung und Gestaltung von Informationen berücksichtigt wird. Hier trifft der Ausspruch „*Information ist, was ankommt*" insbesondere zu, da Information – behinderte – Menschen nur dann erreicht, wenn sie zugänglich gestaltet wird. Diese Gefahr der Ausgrenzung zeigt besonders eindrücklich das erste Kapitel des Buches der „Alliance for Technology Access"[28] auf:

> „[The Internet] offers the positive opportunity of immediate, worldwide access from home to commerce, information, communication, and employment. Much of what you need or want to know, buy, or learn can be found right on your computer. People who do not want to or cannot go to all the libraries, archives, meetings, and conferences they are interested in visiting or attending can get there via access in their own homes. The danger is that the Internet will not be accessible to everyone who wants to use it. If inability to see the screen, hear the sounds, use a keyboard, or pay fees become barriers to access to the

---

[27] Usability (auch „Benutzer- oder Bedienungsfreundlichkeit", oder „Benutzbarkeit") untersucht ein Produkt hinsichtlich Nutzbarkeit, Einfachheit der Bedienung, Übersichtlichkeit und Optimierung, d.h. ob die Handhabung bedarfsgerecht, nutzerorientiert, zweckmäßig und intuitiv ist.

[28] Das Vorwort wurde vom bekannten britischen Physiker und Mathematiker Stephen Hawking geschrieben, bei dem im Alter von 21 Jahren die unheilbare degenerative neuromuskuläre Erkrankung Amyotrophe Lateralsklerose (ALS) diagnostiziert wurde. Hawking gilt als Inbegriff dafür, welche Möglichkeiten Menschen mit Behinderungen – mit Hilfe von Technologien – erschlossen werden können.

> Internet, [..] we will create a two-tiered society in which a substantial number of people will be kept out of the mainstream. The technology is powerful and growing. It must be created in a manner that makes it accessible to all." (Alliance for Technology Access, 2000, S. 8f)

Bestehende behindertengerechte Maßnahmen, wie abgesenkte Bürgersteige, Rampen und breitere Eingänge, sind das beste Beispiel dafür, dass von der Einbeziehung behindertengerechter Lösungen und Maßnahmen auch Nicht-Behinderte wie z.B. Eltern mit Kinderwagen oder Fahrradfahrer profitieren. Die Vorteile dieser Innovationen, die eigentlich für Behinderte entwickelt wurden, erleichtern uns allen die täglichen Aufgaben. Dies lässt sich ebenso auf das Thema Webdesign umlegen, bei dem ebenfalls die Anzahl der Menschen, die davon profitieren, höher ist als ad hoc anzunehmen ist. Das Internet kann große Vorteile für einen Menschen bringen, der beispielsweise nicht mehr lesen kann. Es ist zwar möglich, aber sehr mühselig und aufwendig, Zeitung mit Hilfe verschiedener Geräte zu lesen. Eine Zeitung, die ihre Informationen in das Netz stellt, kann hingegen mittels eines Screenreaders verhältnismäßig schnell durchgeblättert und gelesen werden. Gerade diese Möglichkeiten bedeuten für Menschen mit Behinderungen einen weiteren Schritt zur Selbständigkeit und unterstützen die gleichberechtigte Teilnahme an der Gesellschaft. So wie es heute schon zum Teil üblich ist, eine Fernsehsendung mit Untertiteln für Hörbehinderte bzw. Nachrichten mit Gebärdensprache auszustrahlen[29], sollte die Barrierefreiheit für das Internet in einigen Jahren ebenso selbstverständlich sein.

Doch genauso rasch kann die Zugänglichkeit zu Information und Kommunikation, insbesondere für Behinderte – meist unbeabsichtigt – versperrt, d.h. behindert werden. Um den Zugang zur Informationsgesellschaft zu gewährleisten, ist es daher notwendig, die Bedürfnisse unterschiedlicher Gruppen, unabhängig von deren körperlichen oder technischen Voraussetzungen, zu berücksichtigen und entsprechende Alternativen ohne vermeidbarer Nutzungshindernisse zu gestalten.

Im engeren Sinn bezeichnet „Accessibility" den barrierefreien Internetzugang für Menschen mit Behinderungen, doch hat sich die Bedeutung des Begriffes erweitert und steht nun umfassender für den barrierefreien Zugang für alle Internetbenutzer (vgl. Kapitel 2.3.1). Somit sind auch Nicht-Behinderte in der Zielgruppe inkludiert, die z.B. eine „Low-speed" Internetverbindung verwenden

[29] Derzeit werden beim ORF mit einem Finanzaufwand von rund € 1 Mio. mehr als 170 Fernsehstunden pro Monat untertitelt, vgl. BMSG 2003, S. 215.

oder während der Fahrt im Auto die Hände nicht vom Lenkrad nehmen dürfen. Folglich ist die betroffene Nutzerschicht sehr umfassend und betrifft – fast – jeden.[30]

Somit ist ein barrierefreier Internetzugang eine *notwendige Voraussetzung* für User mit Behinderungen und *hilfreich* und *erleichternd* für alle Benutzer.

2.2 Barrieren im Internet

Das Internet ist *das* Massenmedium unserer Zeit. Es bietet Dienstleistungen, leichteren und besseren Zugriff auf Information, Kommunikation, Entertainment und hohe Mobilität durch den virtuellen Raum. Es ist per se ein aktives Medium, d.h. es fordert Interaktion, im Gegensatz zum Fernsehen, wo passives Betrachten ausreicht. Doch durch diese Wechselseitigkeit kommt es auch vermehrt zu Einschränkungen. Solche Hindernisse, die eine Person einschränken, d.h. seine Umgebung unzugänglich machen, werden als „Barriere" bezeichnet. Solche Barrieren können natürlicher Art oder durch andere verursacht sein. Barrieren kann man wie folgt unterteilen:[31]

- Zugangsbarrieren:
  - soziokulturelle Barrieren (Bildung, Einstellung, Motivation etc.)
  - ökonomische Hürden (Einkommen, Kosten etc.)
  - technische Barrieren (Infrastruktur; Soft-, Hardware)

- Nutzungsbarrieren:
  - funktionale Beschränkungen (körperliche Behinderungen)
  - situative Beschränkungen (Einschränkungen aufgrund der Umgebung)
  - technische Einschränkungen (Bandbreiten, mobile Geräte etc.)

- Barrieren auf Inhaltsebene:
  - eingeschränkte Sprachkenntnisse
  - schlechte Struktur oder unübersichtlicher Aufbau
  - ungünstige Farbauswahl
  - graphische Elemente ohne entsprechende Erklärung

30 Daher trifft man auch häufig auf den mit Accessibility verwandten Begriff „Design-for-all".

31 Es besteht eine gewisse Problematik bezüglich der Trennschärfe der Kategorien, so ist beispielsweise Bildung zugleich eine Zugangs- als auch Nutzungsbarriere.

Internetuser unterscheiden sich durch ihr Computer-Equipment bis hin zu ihren persönlichen Präferenzen; folglich gibt es aufgrund der Vielfältigkeit der möglichen Einschränkungen meist sehr individuelle Anforderungen. Betroffen von den unterschiedlichsten Barrieren sind Menschen, die[32]

- nicht oder nur unter Schwierigkeiten in der Lage sind, zu sehen, zu hören oder sich zu bewegen (infolge einer temporären oder permanenten Behinderung),
- in einer Situation sind, in der Augen, Ohren oder Hände beschäftigt oder behindert sind (Fahrt im Auto, schlechte Lichtverhältnisse, laute oder erzwungen ruhige Umgebung – z.B. Bibliothek – etc.),
- keine Tastatur oder Maus zur Verfügung haben oder diese nicht verwenden können (Behinderungen, öffentliche Terminals, PC im Auto etc.),
- nur wenig Platz am Bildschirm haben bzw. die Ansicht von Grafiken abgeschaltet ist (langsame Internetverbindung, Behinderungen, PDA[33], Organizer, Handy etc.),
- die Darstellung der Schrift vergrößert haben (Sehbehinderungen, Brille verlegt etc.),
- Schwierigkeiten haben, einen Text zu lesen oder zu verstehen (Sprach-, Lese- oder Verständnisprobleme),
- reine Textbildschirme bzw. kleine Monitore verwenden, oder langsame Internetverbindungen haben,
- ältere oder andere Browser und Betriebssysteme benutzen.

Zudem ist zu bedenken, dass jeder Einzelne mit hoher Wahrscheinlichkeit im Laufe seines Lebens ebenfalls mit diesen Barrieren konfrontiert sein kann.

Wenn eine Website so gestaltet wurde, dass sie für all diese Situationen gerüstet ist, so ist sie darüber hinaus auch für behinderte Menschen zugänglich gemacht. Eine der größten Barrieren für Menschen mit Behinderungen besteht aber noch immer in der Haltung der Gesellschaft. Wenn auch in den letzten Jahren grundlegende Änderungen in der Einstellung gegenüber älteren und behinderten Mitmenschen stattgefunden haben und sich Ausgrenzung zu Integration zu wandeln beginnt, basieren die meisten Barrieren auf der Tatsache, dass behinderte Menschen weitgehend vergessen und ignoriert werden („die unsichtbaren

[32] In Anlehnung an die Einleitung zu den Web Content Accessibility Guidelines (vgl. WAI WCAG WG, 1999b).

[33] Personal Digital Assistant; ist ein tragbarer Taschencomputer im Notizbuchformat; weitere Bezeichnungen sind auch Palmtop, Handheld oder Pocket PC.

Bürger“). Die Klischeevorstellungen und Vorurteile müssen daher verstärkt kritisiert, korrigiert und noch vermehrt Bewusstsein geschaffen werden. Die meisten dieser Barrieren entstehen durch unzureichende Information der Beteiligten, können aber meist beseitigt bzw. kann deren Überwindung erleichtert werden. Doch liegt die Verantwortung und Initiative dafür beim Anbieter bzw. Designer der Website; es ist deren Aufgabe, die in ihrem Bereich liegenden Hindernisse zu vermeiden oder zu eliminieren und gegebenenfalls entsprechend abzuändern bzw. Alternativen anzubieten:

> „It’s as important that you try to meet the needs of a blind visitor as it is to meet the needs of someone who doesn’t have the Shockwave plug-in. Whatever the specific reason for being locked out of content, the effect is the same.“ (Flemming 1998, S. 19)

Viele Barrieren lassen sich bereits einfach vermeiden, wenn Webdesigner die grundlegenden Prinzipien der Webgestaltung einhalten.[34] Die Forderungen der User an das Internet sind:

- freier Zugang und freie Bewegung
- deutlich gekennzeichnete Wege
- personalisierter Service
- schnelle Übertragung
- unverzügliche Reaktionen

Werden diese Ansprüche nicht erfüllt, reagiert der Nutzer mit Frustration, Enttäuschung und Konfusion. Dies kann nach Flemming durch einfache Prinzipien vermieden werden (nach Flemming, 1998, S. 13f). Damit eine Website erfolgreich ist, sollte die Navigation

- leicht erlernbar sein
- konsistent bleiben
- Rückmeldung geben
- den Kontext berücksichtigen
- Alternativen anbieten
- effizient und effektiv zu verwenden sein
- klare visuelle Signale geben
- verständlich gekennzeichnet sein
- dem Zweck der Website entsprechen
- die Ziele und Verhaltensweisen der Nutzer unterstützen.

[34] vgl. Flemming 1998, S. 1f

Wie im Kapitel 2.3.1 näher beschrieben, decken sich diese Anforderungen fast gänzlich mit den Bedingungen für barrierefreies Internet. Somit werden durch Berücksichtigung der Accessibility-Grundsätze die Barrieren für alle User erleichtert bzw. ganz eliminiert.

2.2.1 Menschen mit Behinderungen im Internet

Menschen mit Behinderungen können das Internet nur eingeschränkt nutzen, sind aber gleichzeitig auf Grund eingeschränkter Kommunikation und reduzierter Mobilität stärker als andere Gruppen darauf angewiesen. Wie der frühere deutsche Bundesminister für Wirtschaft und Technologie, Dr. Werner Müller, im Vorwort der Broschüre „Einfach machen – Barrierefreie Webangebote" treffend formuliert, eröffnet das Internet „behinderten Menschen neue Chancen und Wege zur Teilhabe am sozialen, beruflichen und kulturellen Leben. Um diese Chancen nutzen zu können, müssen Information, Kommunikation, berufliche Interaktion, Qualifizierung und Bewältigung des Alltags per Internet aber barrierefrei möglich sein" (BMWI, 2002b, S. 2). Das Internet als „globales Dorf" bietet trotz vieler Hindernisse und Hürden für Benutzer mit Einschränkungen sehr positive Auswirkungen und stellt eine Qualitätsverbesserung dar: per E-Mail oder Chat kommunizieren, Einkaufswege ersparen und stattdessen Waren bestellen und zustellen lassen, Bankgeschäfte online erledigen (E-Banking), aktuelle Zeitungsnachrichten vom Computer vorlesen lassen, eigenständige Recherchen durchführen, Informationen einholen[35] etc., alles ohne die Wohnung verlassen zu müssen.

> „Gerade bei Menschen mit sichtbaren oder hörbaren Behinderungen kann sich die Internetverwendung positiv hinsichtlich sozialer Integration und Entfaltung von persönlichen Möglichkeiten auswirken. [..] An sich ergeben sich durch das Internet für Menschen mit Behinderung entdiskriminierende Kommunikationsmöglichkeiten und Wege zu Informationsquellen, da die Behinderung nicht sichtbar wird." (BMSG, 2003, S. 216)

[35] Beispielsweise Telefonnummern online erfragen – ohne das sehr klein geschriebene unhandliche Telefonbuch – stellt für jeden eine Erleichterung dar. Ein ausgedrucktes Telefonbuch in der Blindenschrift Braille gibt es beispielsweise nicht, da es ein ganzes Zimmer füllen würde. So kann aber online die gewünschte Information einfach eingeholt werden.

Es ist nahe liegend, dass der Zugang zum Internet für behinderte einen höheren Stellenwert hat, sowie einen höheren Beitrag zur sozialen Integration darstellt als für nicht behinderte Menschen. Es gibt es vielfältige Hinweise darauf, dass behinderte Menschen zahlreich und aktiv im und am Internet beteiligt sind. Ungefähr jeder siebte Europäer hat eine Behinderung (vgl. Kapitel 1.3.2) und ca. 30% davon nutzen das Internet (vgl. Lenhart, 2003) zum Großteil auch deshalb, weil sie darauf angewiesen sind. Laut einer amerikanischen Studie hat das Internet eine starke positive Auswirkung auf das Leben von Menschen mit Behinderungen, eine wesentlich bedeutendere als für andere Nutzer (vgl. Taylor, 2000):

48% berichten von einer verbesserten Lebensqualität (vs. 27%)
52% fühlen sich besser informiert (vs. 39%)
49% konnten besser Kontakte knüpfen und kommunizieren (vs. 42%)
44% geben eine bessere Verbindung zur Umwelt an (vs. 38%)

Dies stimmt auch mit den Ergebnissen einer deutschen Studie überein, bei der die Mehrheit der Teilnehmer (69%) „viele neue Chancen durch das Internet" sehen (BMWI, 2002b, S. 8).

Der Personenkreis, der am stärksten betroffen ist, umfasst die blinden oder sehbehinderten User, da das Internet durch eine starke optische Ausrichtung und durch graphische Inhalte gekennzeichnet ist, insbesondere bei traditionell erstellten Websites. Menschen, die schlecht oder gar nicht hören oder nicht oder nur undeutlich sprechen, sind im Web von heute mit vergleichsweise wenigen Barrieren konfrontiert. Erst die Zukunft wird zeigen, inwieweit das WWW zum akustisch-internaktiven Medium wird. Spätestens dann müssen auch für solche Barrieren Alternativen berücksichtigt werden. Für Menschen mit Mobilitätsbehinderungen ist der Kontakt zur Außenwelt stark eingeengt oder relativ kompliziert, doch mit Hilfe moderner technischer Hilfsmittel sind sie in der Lage, einen Computer zu bedienen und haben Zugang zum Internet. Barrieren im Internet, wie schlechte Lesbarkeit und Navigation oder die ungenügende Abrufbarkeit der Inhalte durch Spezial-Ausgabegeräte, werden durch Internetkenner stärker bewertet als durch ungeübte Nutzer. Fast die Hälfte der behinderten Nutzer stößt im Internet auf solche Barrieren (vgl. BMWI, 2002b, S. 9).

Das Verhalten im Internet von Behinderten unterscheidet sich im Wesentlichen von dem Nichtbehinderter. Am häufigsten werden von beiden Gruppen gezielt Informationen gesucht oder per E-Mail Kontakte gepflegt (vgl. Integral, 2003a,

S. 6 und BMWI, 2002b, S. 8). Wenn Websites bestimmten Kriterien entsprechend gestaltet sind, ist das Internet für Behinderte ein wertvolles und aktuelles Hilfsmittel für viele Aktivitäten und Abläufe. Deshalb wurden allgemeine Richtlinien herausgegeben, wie Webinhalte für Behinderte zugänglich gemacht werden können (für Details siehe Kapitel 2.3.1). Diese geben Hilfe im Umgang mit Bildern, Layout, Struktur etc. und zeigen, dass nicht zwangsläufig auf Flash-Animationen, Tabellen oder ähnliche Funktionen, die „normale" Nutzer ansprechen, verzichtet werden muss.

Je nach Behinderung haben User verschiedene Ansprüche und Bedürfnisse an das Internet. So sollten folgende Punkte beachtet werden für User mit

- Sehbehinderungen: große, klare Schriften und Grafiken, Alternativen zu Bildern, gute Kontraste,
- Farbblindheit: farb-unabhängige Information, gute Kontraste,
- Hörbehinderungen: Untertitelung von Multimedia-Dateien, visuelle Wiedergabe von akustischen Signalen,
- Bewegungseinschränkungen: geräteunabhängiges Design (für Ersatzeingabegeräte), klare Navigation, ausreichend große Schaltflächen,
- Kognitive Einschränkungen oder Lernbehinderungen: Vereinfachung der Benutzeroberfläche, Bereitstellung von Hilfe-Dokumenten (FAQ[36]) und geeigneten Trainingsprogrammen.

Um einen Eindruck zu vermitteln, mit welchen Problemen, Bedürfnissen und Lösungsmöglichkeiten Personen mit Behinderungen im Internet konfrontiert sind, veröffentlichte die „Web Accessibility Initiative" (vgl. Kapitel 2.3.1) ein Dokument mit Beispielen und entsprechenden Erläuterungen.[37]

2.2.2 Assistive Technologien

Die meisten Menschen, und somit auch Webdesigner, sind oft überrascht, dass Behinderte, v.a. Blinde, überhaupt mit einem Computer umgehen können. Denn kaum jemand kennt z.B. einen „Screenreader" und folglich auch nicht die Möglichkeit, Bildschirmdarstellungen in Braille[38] oder Sprache ausgeben zu

[36] „Frequently Asked Questions"

[37] vgl. Web Accessibility Initiative 2001: „How People with Disabilities Use the Web"

[38] Blindenschrift *(Braille)* verwendet sechs hervorstehende Punkte, um Buchstaben und Zahlen zu repräsentieren, die von Blinden mit den Fingerspitzen gelesen werden können.

können. Die meisten sind der Auffassung, dass der Bildschirm der einzig mögliche Ausgabemodus sei. Doch wie McMillan richtig sagte, benötigt jeder User irgendeine Art von Hilfsmittel, um mit dem Computer zu interagieren: „From the point of view of a computer, all human users are handicapped" (McMillan, 1992, S. 144).

Die Auswirkungen einer Einschränkung oder Behinderung können durch eine Vielzahl von Hilfsmitteln, so genannten „assistiven Technologien" (AT)[39], egalisiert oder zumindest gemindert werden. Jede Anwendung, Vorrichtung und Hardware, die einer Person hilft und die als alternatives Ein- und Ausgabegerät genutzt wird, nennt man assistive Technologie. Das einfachste und bekannteste Hilfsmittel ist die Brille. Ohne Brille sehen viele schlecht bzw. kaum; doch mit einer Brille können sie meist genauso gut sehen wie jeder andere. Ihr Sehfehler ist für sie eine Behinderung, die mit Hilfe assistiver Technologie, der Brille, korrigiert wird, sodass die Umwelt wieder „zugänglich" wird. Im IT-Bereich sind assistive Technologien spezialisierte Programme und Geräte (Soft- und Hardware), die insbesondere Behinderten die Nutzung des Computers ermöglichen und erleichtern. Dazu gehören auch Standard-Hilfsmittel, die auf etwas andere Art genützt werden, wie z.B. die Verwendung einer Maus für die Texteingabe oder einer Tastatur zur Navigation. Dabei ist es von Vorteil, dass ein Computer ein vielseitiges und universelles Werkzeug ist, das mit relativ geringem Aufwand an vielerlei Anforderungen angepasst werden kann: Mundstab-Bedienung für gelähmte, Sprachausgabe oder Braillezeile für blinde Menschen, spezielle Tastaturen für Menschen mit Muskelschwund usw. Daher ist es mit Hilfe diverser Technologien für Betroffene ohne weiteres möglich, sich im Internet zu bewegen.

Folgende assistive Technologien sind für die Internetnutzung besonders relevant:[40]

- Screen-Magnifier

Ein Screen-Magnifier (Bildschirmlupe) stellt einen Teil des Bildschirmausschnittes stark vergrößert auf dem Monitor dar, so dass es auch Menschen mit Seheinschränkungen ermöglicht wird, Texte zu lesen. Infolgedessen kann aber nur jeweils ein Teil des Monitors wahrgenommen werden.

---

[39] engl. „assistive technology" oder „adaptive technology"

[40] vgl. Sierkowski, 2002, S. 289ff; Thatcher, 2002, S. 53ff; Hellbusch, 2004, S. 7ff, S. 53ff, Cook und Hussey, 2002, S. 375

- Braillezeile bzw. Blindenschrift-Display

Um den Inhalt einer Website lesen zu können, benötigen Blinde diese erweiterte Tastatur unterhalb des „normalen" Keyboards. Die „refreshable" Braillezeile übersetzt digitale Schriftzeichen durch Heben oder Senken eines Punktmusters in Blindenschrift. Diese werden über einen taktilen Ausgabebereich ausgegeben, der über 40 bis maximal 80 Zeichen verfügt. Als Eingabegerät wird dazu die konventionelle Standard-Tastatur kombiniert.[41]

- Screenreader

Zum Lesen von Text am Monitor benötigen insbesondere sehbehinderte User oder Nutzer mit Leseschwächen diese zusätzliche Software. Der Screenreader fängt die Signale an den Bildschirm ab und interpretiert diese neu. Die Informationen am Monitor werden dann entweder in Blindenschrift über die Braillezeile ausgegeben oder mit einer synthetischen Stimme als Sprachausgabe, d.h. die Informationen werden vorgelesen.[42] Ein beliebter und weit verbreiteter Screenreader ist JAWS[43].

- Unterstützung durch Betriebssysteme

Betriebssysteme wie z.B. jene von Microsoft haben bereits einige Standardfunktionalitäten („inbuilt options"), die zwar nicht als vollständiger Ersatz für spezialisierte Hilfsmittel gedacht sind, aber Usern mit geringen Beeinträchtigungen schnelle Abhilfe bieten. Hier einige Beispiele:

  - Screen Magnifier
  - On-Screen Keyboard
  - Screenreader („Narrator")
  - Veränderbare Einstellung von Schriftgröße, Farbe, Kontrast und/oder Darstellung
  - Wahlmöglichkeit zwischen akustischen und optischen Signalen
  - Bestimmte Tastenkombinationen zur Navigation[44]

---

[41] Wie sehende Computer-Nutzer auch, nutzen blinde User zur Texteingabe die klassische Tastatur.

[42] Da der Text zeilenweise vorgelesen wird, kann es durch mehrere Spalten und Tabellen zu Unklarheiten kommen; dies kann aber durch entsprechende Gestaltung und Programmierung vermieden werden.

[43] JAWS („*J*ob *A*ccess *W*ith *S*peech"): http://www.hj.com/fs_products/software_jaws.asp

[44] Auch Tastaturkurzbefehle, Schnelltasten, Shortcuts, Access keys genannt, sind von besonderer Wichtigkeit für jene, die keine Maus benutzen können und stattdessen darauf angewiesen sind, die Tastatur zur Navigation zu verwenden. Oft wird nichts ahnend vorausgesetzt, dass standardmäßig eine Maus benutzt wird. Gerade aber auch Experten unter den Computerbenutzern verwenden gerne die Tastatur statt der Maus. Der wesentliche Vorteil dabei ist, dass die Bedienung des Computers wesentlich schneller erfolgt sobald die Tastenkombinationen eingelernt sind.

- Browser

Wie bereits erwähnt, kamen durch die ersten graphischen Browser auch die Probleme der Zugänglichkeit auf. Die ersten Webbrowser wie Mosaic besaßen keinerlei Accessibility Features. Aus dieser Not wurden deshalb spezialisierte Accessibility-Browser entwickelt, die auf die Bedürfnisse der Menschen mit (Seh-) Behinderungen eingingen.
Man kann zwischen drei Browserarten unterscheiden:

- Accessibility Browser:

Speziell für die Bedürfnisse sehbeeinträchtigter Nutzer entworfene Browser, die mit einer Vielzahl von möglichen Ausgabeformen wie synthetischer Sprache und vereinfachtem visuellem Display ausgestattet sind. Beispiele für diese Kategorie sind der „IBM Home Page Reader“ oder „PwWebSpeak Plus“ von „The Productivity Works“.

- Text-Browser:

Die Darstellung erfolgt mit einem Text-Browser gemäß dem Namen ausschließlich textorientiert; somit lassen sich diese besonders leicht in Kombination mit Screenreadern verwenden.
Hier ist „Lynx“[45] der am meisten verwendete Browser.

- GUI Browser:

Browser mit einer graphischen Benutzeroberfläche sind die am meisten verbreiteten Browser. Vom Accessibility-Standpunkt aus gesehen waren diese Browser meist eher unzulänglich, doch in den letzten Jahren erfolgten auf Grund des gestiegenen Bewusstseins für diese Problematik einige Verbesserungen.
Heutzutage verwenden viele Behinderte solche Standard-Browser zusammen mit Screenreadern und können damit ebenso leicht und effizient im Internet navigieren wie User mit spezialisierten Browsern.

Die meisten dieser Browser verfügen bereits über assistive Hilfsmittel, um das Erscheinungsbild von Websites nach den jeweiligen Präferenzen maßgeschneidert darzustellen, beispielsweise

- Anzeige des Alternativtextes,

---

45 Lynx wurde ursprünglich von der Universität von Kansas entwickelt und ist als „freie“ Software (als „GNU“ – General Public License: Allgemeine Öffentliche GNU-Lizenz) erhältlich. V.a. Blinde surfen mit Lynx, daher eignet sich der Browser auch gut für Testzwecke, ebenso wie der Emulator „Lynx Viewer“ (vgl. Kapitel 2.4): http://lynx.isc.org/ bzw. www.delorie.com/web/lynxview.html.

- Navigation mittels Keyboard und Shortcuts,
- Einstellung des Schriftgrades, der Schriftart und -farbe,
- Möglichkeit Bilder bzw. Töne abzuschalten.

Weitere technische Hilfsmittel sind:

- Ersatzeingabegeräte mit Mund-, Fuß-, Sprach- oder Augensteuerung[46]
- Alternative Tastaturen und Maus (z.B. Einhandtastatur)
- Zeige- und Greifgeräte (Mund- und Kopfstäbe etc.)
- Spracheingabe (Mikrophone, Spracheingabe- und Erkennungs-Software[47])
- Sprachgeneratoren
- Spezialtastaturen

Zusätzlich wurde durch die Verbreitung von Touchscreens, Spracherkennung u.Ä. die Barrierefreiheit deutlich verbessert.

Cirka ein Drittel der behinderten Internet- und Computernutzer sind auf technische Hilfsmittel angewiesen. Die gebräuchlichsten sind die Sprachausgabe und die Lupenfunktion mit einem Anteil von 29% bzw. 31%. Aufgrund der Tatsache, dass Braille im Alter meist nicht mehr erlernt wird und somit nur die früh Erblindeten die Blindenschrift lesen können, wird die Braillezeile nur von 15% der User verwendet (vgl. Abbildung 2.1).

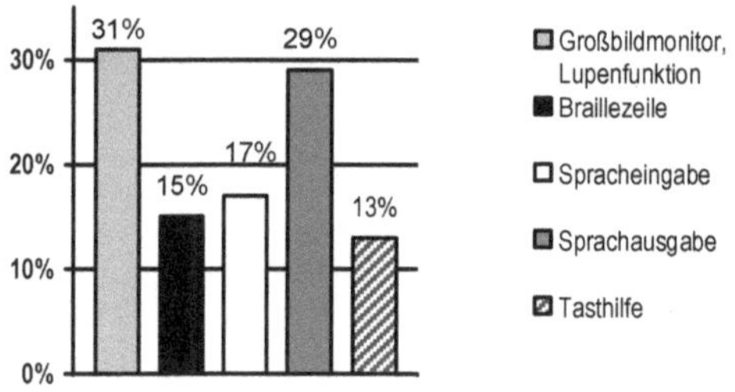

Abbildung 2.1: Verwendung technischer Hilfen für behinderte Internetnutzer

Quelle: BMWI 2002b, S. 9

Noch gibt es keine Untersuchungen, wie viele Personen tatsächlich durch Barrieren in der Informationstechnik eingeschränkt oder behindert werden, jedoch

46 So genannte „Eye-tracking Systeme“

47 Texterkennungssysteme: „Optical Character Recognition“ (OCR)

zeigt eine Studie von Forrester und Microsoft, dass fast 60% der Berufstätigen von barrierefreier Informationstechnik profitieren könnten (vgl. Forrester und Microsoft, 2003, S. 6f).

Um die Barrieren im Internet überwinden zu können, sind assistive Technologien nötig und hilfreich, doch ein weiterer wichtiger Punkt für eine gleichberechtigte Teilnahme aller am Internet ist die Überwindung bestehender Vorurteile, auf die im Folgenden eingegangen wird.

2.2.3 Vorurteile

Es existieren viele Mythen im Zusammenhang mit Barrierefreiheit. Viele dieser Vorurteile gründen auf unzureichenden Informationen oder unbegründeten Ängsten und hemmen so die Entstehung besserer Websites für alle. Im bisherigen und weiteren Verlauf dieser Arbeit wird gezeigt, wie falsch diese Annahmen sind und dass ein breites Publikum mit vertretbarem Aufwand von einer ansprechenden und gut bedienbaren barrierefreien Website profitiert. Viele Organisationen, Webdesigner und Betroffene arbeiten zusammen, um diese Vorurteile zu widerlegen und die Öffentlichkeit, die Unternehmen und jedermann von den positiven Auswirkungen zu überzeugen.

Im Folgenden wird eine – unvollständige – Auswahl falscher Vorstellungen bezüglich Accessibility aufgelistet:

- hoher finanzieller und zeitlicher Aufwand
- Barrierefreiheit ist nur sehr schwer zu erreichen
- *nur* für Behinderte
- erfordert mehrere Versionen der Website
- gleichbedeutend mit *Text-only*
- *Text-only* Version ist ausreichend
- assistive Technologien lösen alle Probleme der Zugänglichkeit
- keine relevante Zielgruppe
- Behinderte nützen das Internet nicht
- Internet ist ein ausschließlich ein visuelles Medium
- führt zu primitivem, langweiligem und einfachem Design
- Farben, Bilder oder Multimedia sind nicht erlaubt
- barrierefreie Websites werden nur in veraltetem HTML geschrieben
- keine rechtliche Notwendigkeit

Um diese Vorurteile zu entkräften und vorhandene Barrieren zu beseitigen, wurden von nationalen und internationalen Organisationen und Unternehmen bereits Aktionen und Maßnahmen ergriffen und es liegen auch bereits Richtlinien für Barrierefreiheit auf. Im folgenden Kapitel werden diese näher vorgestellt.

2.3 Initiativen und Standards

Um die technischen Möglichkeiten des Internets richtig zu nutzen, gibt es bereits seit einigen Jahren konkrete Vorgaben. Diese Richtlinien zur Accessibility dienen in erster Linie der Förderung von Zugangsmöglichkeiten für Behinderte. Jedoch verbessert die Einhaltung gewisser Standards das Internet für *alle* Nutzer, ohne zu unterscheiden, welchen Benutzeragenten sie benutzen oder unter welchen Einschränkungen sie arbeiten mögen. Viele große Unternehmen, Universitäten, Organisationen und Länder haben im Laufe der letzten Jahre Richtlinien bezüglich Accessibility im Web erstellt. Diese basieren zum Großteil auf den gleichen Standards und orientieren sich stark an den bekanntesten Richtlinien bezüglich Barrierefreiheit, den „Web Content Accessibility Guidelines" des „World Wide Web Consortiums" (siehe folgendes Kapitel 2.3.1.). Wurden diese Grundsätze bisher nur zögernd umgesetzt, werden sie nun durch die stärkere gesetzliche Einbeziehung zur Gleichbehandlung Behinderter, insbesondere im Internet, vermehrt beachtet und berücksichtigt. Die Vereinigten Staaten von Amerika haben hier Vorbildwirkung, doch auch immer mehr Staaten in Europa verpflichten sich zu einem barrierefreien Internet (vgl. Kapitel 2.5).

2.3.1 Web Content Accessibility Guidelines

Das „World Wide Web Consortium" (W3C) ist das Gremium zur Standardisierung das Internet betreffender Techniken und somit die höchste Instanz für (Weiter-) Entwicklungen im WWW.[48] Es wurde 1994 von Tim Berners-Lee, dem Erfinders des WWW, am Massachusetts Institute of Technology (MIT) in Zusammenhang mit „CERN" gegründet. Berners-Lee steht dem W3C jetzt als Direktor vor. Auf Grund der wachsenden Bedeutung des WWW entstanden weitere Niederlassungen in Europa (INRIA[49], seit 2003

[48] Beispiele für bisher entwickelte Standards sind HTML, XML und CSS.

[49] Institut national de recherche en informatique et en automatique

ERCIM[50]) und in Asien (Keio Universität in Tokio). Das W3C hat mehrere hundert Mitglieder aus aller Welt, darunter Unternehmen aus Industrie und Forschung, insbesondere Hard-, Software und Content Provider, ebenso wie namhafte Universitäten und Regierungsstellen.[51] Diese Mitglieder bilden eine Interessensvereinigung, die sich für die Entwicklung und Etablierung von einheitlichen und kompatiblen Standards und Spezifikationen für das Internet einsetzt und fördert.[52, 53]

Die „Web Accessibility Initiative" (WAI), eine Untergruppe des W3C, ist für die Zugänglichkeit der Standards verantwortlich. Ihr Ziel ist es, Standards zu definieren, welche insbesondere Menschen mit (Seh-) Behinderungen den Zugang zum Internet ermöglichen und erleichtern sollen. Durch passendes Webdesign und verbesserte Kompatibilität soll jedem User die Nutzung des Internets ermöglicht werden, unabhängig von seinen körperlichen oder technischen Voraussetzungen. Hierfür werden neue Technologien entwickelt, Werkzeuge für die HTML-Erstellung entworfen und Richtlinien vorgegeben.

Im Jahr 1999 wurden die entsprechenden „Zugänglichkeitsrichtlinien für Web-Inhalte", die „Web Content Accessibility Guidelines 1.0" (WCAG)[54] als offizieller Standard veröffentlicht, die in Kooperation mit Behindertenorganisationen, Universitäten, Regierungen und Unternehmen entstanden sind. Diese Richtlinien beschreiben anhand typischer Szenarien und alternativen Möglichkeiten, wie Webinhalte für bestimmte Gruppen zugänglich gemacht werden können. Zusammen mit den veröffentlichten Checkpunkten und Techniken bilden sie das grundlegende Dokument für Accessibility. Obwohl diese Richtlinien nur empfehlenden Charakter haben, werden sie stets als Basis für konkrete Gesetzte oder Unternehmens-Richtlinien und Standards herangezogen. Wie in der Einführung der Richtlinien[55] erläutert, sollen diese „nicht davon abhalten, Bilder, Videos usw. einzusetzen", sondern „vielmehr erläutern, wie Multimedia-Inhalte besser zugänglich für ein breites Publikum gemacht werden

---

[50] European Research Consortium for Informatics and Mathematics

[51] Für detaillierte Angaben zu den Mitgliedern siehe http://www.w3.org/Consortium/Member/List.

[52] Die Spezifikationen, Richtlinien, Empfehlungen, Referenz-Software und Tools sind bewusst herstellerneutral und kostenlos erhältlich.

[53] Details sind unter W3C www.w3.org zu finden.

[54] vgl. WAI WCAG WG, 1999b

[55] vgl. WAI WCAG WG, 2002

können" und generell dazu beitragen, dass „Informationen im Web schneller aufzufinden" sind.

> „Das primäre Ziel dieser Richtlinien ist die Förderung der Zugänglichkeit. Gleichwohl wird die Befolgung dieser Richtlinien das Web für alle Benutzer verbessern, gleich welchen Benutzeragenten sie benutzen (z. B. Desktop-Browser, Sprach-Browser, Computer im Auto usw.) oder unter welchen Einschränkungen sie arbeiten mögen (z. B. laute Umgebungen, schlecht oder zu hell beleuchtete Räume, Umgebungen, in denen die Hände nicht benutzt werden können usw.)." (WAI WCAG WG, 2002)

Der Anforderungskatalog ist sehr umfassend und wird deshalb in 14 Richtlinien unterteilt. Diese allgemeinen Prinzipien barrierefreien Designs werden den verschiedenen Prioritätsstufen zugeordnet, welche den Einfluss auf die Zugänglichkeit einer Website bewerten:

Priorität 1	MUSS	grundlegende Erfordernis
Priorität 2	SOLL	beseitigt signifikante Hindernisse
Priorität 3	KANN	erleichtert Zugriff

Um den Grad der Konformität einer Website gemäß diesen Prioritätsstufen zu dokumentieren, können diese mit den Icons der jeweiligen Konformitätsstufe gekennzeichnet werden:

„A"	alle Checkpunkte der Priorität 1 sind erfüllt
„Double-A"	alle Checkpunkte der Priorität 1 und 2 sind erfüllt
„Triple-A"	alle Checkpunkte der Priorität 1, 2 und 3 sind erfüllt

Folgende Auflistung beinhaltet eine stichwortartige Kurzfassung der „Zugänglichkeitsrichtlinien für Web-Inhalte 1.0" (vgl. WAI WCAG, 1999b):

Richtlinie 1 äquivalente Alternativen für Audio- und visuellen Inhalt („alt"-Texte für Bilder etc.)[56]

[56] Aber auch wenn ein „Alternativtext" („alt-Text") vorhanden ist, kann es bei falscher Handhabung zu Problemen führen: typischer Fall ist der Text „Click here" oder schlicht ohne nähere Beschreibung, welche Aktion damit ausgeführt wird.

Richtlinie 2	nicht auf Farbe allein verlassen (gesamte mit Farbe dargestellte Information auch ohne Farbe verfügbar, kontrastierende Vorder- und Hintergrundfarben)
Richtlinie 3	Markup und Stylesheets – auf korrekte Weise – verwenden (Stylesheets um Layout und Präsentation zu beeinflussen)[57]
Richtlinie 4	Verwendung natürlicher Sprache verdeutlichen (Kennzeichnen der Sprache des Dokumententextes und deren Änderungen, bzw. für abgekürzten oder fremdsprachigen Text)
Richtlinie 5	Tabellen, die von zugänglichen Browsern transformiert werden können
Richtlinie 6	Seiten auch dann zugänglich gestalten, wenn neuere Technologien nicht unterstützt werden oder abgeschaltet sind
Richtlinie 7	Kontrolle des Benutzers über zeitgesteuerte Änderungen des Inhalts (bewegte, scrollende oder sich automatisch ändernde Objekte)
Richtlinie 8	direkte Zugänglichkeit eingebetteter Benutzerschnittstellen
Richtlinie 9	geräteunabhängige Designs wählen (Aktivierung von Objekten über verschiedene Eingabegeräte ermöglichen, Shortcuts)
Richtlinie 10	Verwenden von Interim-Lösungen (damit assistive Technologien und ältere Browser korrekt funktionieren)[58]
Richtlinie 11	Verwenden der W3C-Technologien und Richtlinien (oder alternative zugängliche Version des Inhalts bereitstellen)[59]
Richtlinie 12	Informationen zum Kontext und zur Orientierung bereitstellen (Verständnis komplexer Seiten erleichtern durch Informationen zur Orientierung, Navigationsleisten, Sitemap usw.)
Richtlinie 13	klare Navigationsmechanismen bereitstellen (aussagekräftiger Linktext, Metadaten u.ä.)
Richtlinie 14	Dokumente klar und einfach halten (Text mit grafischen oder Audio-Präsentationen ergänzen, konsistenter Präsentationsstil)

[57] Inhalt (content) ist die Mitteilung (durch natürliche Sprache, Bilder, Ton, usw.), Struktur der logische Aufbau (Kapitel, Überschrift etc.) und Präsentation ist die Art der Darstellung (Ausdruck, grafische Präsentation, synthetisierte Sprache, in Blindenschrift u.ä.) eines Dokumentes.

[58] In Zukunft werden Interim-Lösungen nicht mehr nötig sein, wenn vorweggenommene Features und Fähigkeiten Teil von Webtechnologien geworden sind.

[59] Beispiele für W3C-Technologien sind HTML und CSS; nicht zu W3C-Formaten gehören z.B. PDF und Shockwave, diese erfordern Plug-ins oder eigenständige Anwendungen.

Viele dieser Richtlinien stimmen mit allgemeinen Design-Grundsätzen überein und decken sich zu einem großen Teil auch mit Usability-Grundsätzen. Bei näherer Betrachtung ist erkennbar, dass kaum etwas verboten wird, nur der richtige Umgang mit den gegebenen Möglichkeiten wird hervorgehoben. Die wichtigsten Leitgedanken sind Redundanz und Trennung von Struktur und Präsentation, d.h. es sollten stets alternative Wege angeboten werden, um die gleiche Information zu erhalten bzw. dieselbe Funktion ausführen zu können. Für skeptische Webdesigner sollte hervorgehoben werden, dass Multimedia-Anwendungen, die das Internet unbestritten bereichern, bei Einhaltung gewisser Regeln problemlos eingebettet werden können. Ein gutes und anschauliches Beispiel für einige dieser Design-Grundsätze zeigt IBM anhand eines Ticketing-Systems: http://www-3.ibm.com/able/solution_offerings/opera.html

Wie der Autor Jan Eric Hellbusch treffend sagt, ist es „nicht eine Frage des Know-hows, Webseiten barrierefrei zu gestalten. Die Anforderungen für barrierefreies Webdesign sind keine Erweiterung programmiertechnischen Wissens des Webgestalters [..] [sondern] nur eine Horizonterweiterung“.[60]

Um diesen Ansprüchen zu genügen und die neuesten Erkenntnisse mit einzubeziehen, werden die Richtlinien zurzeit überarbeitet. Es liegt ein vorläufiger Entwurf, die „Web Content Accessibility Guidelines 2.0.“ vor.[61] Noch mehr als bei den vorliegenden Richtlinien wird eine Formulierung unabhängig von heutigen und zukünftigen Technologien angestrebt. Die Kriterien sind fast zur Gänze übernommen worden, nur ihre Einteilung und Formulierung wurde zwecks Verständlichkeit überarbeitet. Die Richtlinien werden folgenden vier Prinzipien zugeteilt und nach drei „Success Criteria“ gegliedert, wobei eine Stufe für die Konformität („A+“) hinzugefügt wurde:

- Wahrnehmbarkeit: „Content must be perceivable“
- Bedienbarkeit: „Interface elements in the content must be operable“
- Verständlichkeit: „Content and controls must be understandable“
- Technologische Robustheit: „Content must be robust enough to work with current and future technologies“

[60] Hellbusch: „Barrierefreies Design - eine Aufgabe für Internet-Architekten“; http://www.barrierefreies-webdesign.de/knowhow/architekten/abschliessend.php

[61] vgl. WAI WCAG WG, 2004

Doch es ist die Gesamtheit mehrerer Faktoren, von denen der barrierefreie Zugang zum Internet abhängt:

- Computer
- Software
- Inhalte
- Autorenwerkzeuge

Nur bei gleichzeitiger Zugänglichkeit aller Faktoren, ist die Barrierefreiheit des Internets gewährleistet. Aus diesem Grunde stellt die Web Accessibility Initiative auch diese entsprechenden Standards und Dokumente zur Verfügung:

- Techniques for Web Content Accessibility Guidelines[62]
- User Agent Accessibility Guidelines[63]
- Authoring Tool Accessibility Guidelines[64]

Zurzeit hängt es jedoch noch von der Bereitschaft der Webdesigner, der Unternehmen und auch von Privatpersonen ab, sich bei der Gestaltung ihrer Webpräsenzen an diese Empfehlungen der WAI zu halten.

2.3.2 Gemeinnützige Initiativen

Viele kleine Initiativen haben es sich zur Aufgabe gemacht, gegen Diskriminierung im Allgemeinen und speziell auch zum Thema Web-Accessibility zu informieren. Sie bieten Hilfestellung und Unterstützung bei der Umsetzung von Webstandards an und stellen hierzu auch Informations- und Anschauungsmaterial zur Verfügung. Die folgende Aufzählung zeigt die wichtigsten nationalen Initiativen im Überblick:

USA:

AWARE Center[65]	http://aware.hwg.org
Trace Center[66]	http://trace.wisc.edu/

[62] vgl. WAI WCAG WG, 2000b

[63] vgl. WAI UAWG, 2002

[64] vgl. WAI AUWG, 2002

[65] Accessible Web Authoring Resources and Education Center

[66] Trace Research & Development Center

Accessify.com	http://www.accessify.com/
WebAIM[67]	http://www.webaim.org/
Deutschland:	
Einfach für Alle	http://www.einfach-fuer-alle.de
Stiftung Digitale Chancen	http://www.digitale-chancen.de/
Barrierefreies Webdesign	http://www.barrierefreies-webdesign.de/
Web ohne Barrieren	http://wob11.de/
BIK[68]	http://www.bik-online.info/
Web for All	http://www.webforall-heidelberg.de/
Web Accessibility Links	http://www.webaccessibility.de/
Österreich:	
web-barrierefrei	http://www.web-barrierefrei.at/
BIZEPS[69]	http://www.bizeps.or.at
einfach-für-alle	http://www.service4u.at/access/
Schweiz:	
Zugang für alle	http://www.zugang-fuer-alle.ch/
England:	
RNIB[70]	http://www.rnib.org.uk
Bunnyfoot	http://www.bunnyfoot.com/

Diese Initiativen und Organisationen haben es sich zur Aufgabe gemacht, Unternehmen und Privatpersonen für das Thema Accessibility zu sensibilisieren. Sie bieten Informationen in Form von Broschüren, Artikeln, Dokumentationen und Tutorials über barrierefreies Webdesign und den rechtlichen Bestimmungen an. Schulungen und spezielle Ausbildungen werden ebenfalls angeboten. Das umfangreiche Service erstreckt sich bei einigen Initiativen auch auf Test und Analyse von Websites, Aufzeigen von Verbesserungsmöglichkeiten und Lösungen, sowie Beratung und Unterstützung bei der Umsetzung. So kann sich jeder interessierte Bürger und auch jedes Unternehmen einfach und rasch über die betreffenden Möglichkeiten informieren.

---

67 Web Accessibility In Mind

68 BIK: barrierefrei informieren und kommunizieren

69 Behindertenberatungszentrum BIZEPS, Zentrum für Selbstbestimmtes Leben

70 Royal National Institute of the Blind

2.3.3 Initiativen und Standards bei Konzernen

Viele bekannte und große Unternehmen stützen und fördern den Accessibility-Gedanken. In erster Linie engagieren sich Softwarehersteller vermehrt für die Barrierefreiheit ihrer Produkte ebenso wie für die ihrer Websites. Zahlreiche Unternehmen bekunden ihr Interesse und ihr Engagement auch durch die Mitgliedschaft bei dem W3-Consortium bzw. bei der Web Accessibility Initiative.[71] Im Folgenden werden die Unternehmen AOL, IBM, Microsoft und SAP exemplarisch herausgegriffen und ihre Aktivitäten hinsichtlich eigener Accessibility-Richtlinien und barrierefreier Produkte kurz beschrieben.

- AOL[72]

ist als einer der führenden Internetanbieter bestrebt, „mit dem Internet ein innovatives Medium [zu] schaffen, das das Leben aller [..] umfassend bereichert".[73] In diesem Sinne bringt das Unternehmen mit der „America Online Accessibility Policy" ihr Engagement und ihre Verantwortung zum Ausdruck. Mit diesen Unternehmensgrundsätzen verpflichtet sich AOL, seine Produkte und Dienstleistungen für alle Nutzer zugänglich zu machen. Das Thema Barrierefreiheit wurde jedoch erst nach der außergerichtlichen Einigung[74] mit dem amerikanischen Blindenbund NFB (National Federation of the Blind) eine bedeutende und auch kommunizierte Priorität, und erst die neuesten Versionen des Programms AOL wurden entsprechend angepasst (vgl. Kapitel 3.4).

- IBM[75]

verfügt über ein eigenes „Accessibility Center", auf dessen Website eine umfangreiche Sammlung an Materialien über und für die Barrierefreiheit zu finden ist.[76] Das Angebot reicht von Case Studies, Produktinformationen, Richtlinien und Gesetzen bis zu der eigenen „IBM Web Accessibility

---

71 Sponsoren der WAI unter: http://www.w3.org/WAI/Sponsor, bzw. Mitglieder des W3C unter: http://www.w3.org/Consortium/Member/List.

72 America Online Inc.

73 Vgl. Unternehmensgrundsätze - Unternehmerische Verantwortung: http://www.aol.de/unternehmen/publicpolicy/grundsaetze/index.jsp und America Online Accessibility Policy: http://corp.aol.com/accessibility.html.

74 vgl. National Federation of the Blind/America Online Accessibility Agreement http://www.nfb.org/tech/accessibility.htm

75 International Business Machines Corporation

76 IBM Accessibility Center http://www-3.ibm.com/able/, oder auf Deutsch unter www.ibm.de/accessibility/.

Checklist"[77]. Das Unternehmen kann auf eine langjährige Erfahrung von behindertengerechten Technologien zurückblicken, ein bekanntes Beispiel ist der „Home Page Reader". Der Umgang mit diesem Sprach-Browser kann auch mit Hilfe des angebotenen Einsteigerkurses „Internetführerschein für blinde und sehbehinderte Menschen" erlernt werden. Darüber hinaus bietet IBM Schulungen und Beratungen, sowie die Prüfung und die technische oder konzeptionelle Gestaltung von Websites an.

- Microsoft

zählt zu den aktivsten Konzernen in Bezug auf Barrierefreiheit. Die Firma stellt unter der Devise „Technology for everyone" Informationen zu den barrierefreien Produkten bereit und bietet ebenso Hinweise, Einstellungen und Anleitungen (Tutorials) bezüglich der Zugänglichkeit.[78] Microsoft, die sich an der amerikanischen „Section 508" (siehe Kapitel 2.5.1) orientieren, bekennen sich hierzu in ihrem „Commitment to Accessibility" und integrieren dies auch in ihrer „Corporate Mission and Accessibility Strategy". So hat Microsoft auch eigene „Accessibility Design Guidelines for the Web"[79] und hat in diesem Sinne auch über die letzten Jahre kontinuierlich seine Produkte, insbesondere auch seinen Standard-Webbrowser „Internet Explorer", bezüglich der Barrierefreiheit verbessert.

- SAP[80]

engagiert sich gleichfalls stark für die Barrierefreiheit seiner Produkte. So gibt es ein „Accessibility Competence Center", das für Informationen und Ressourcen über das Thema allgemein und bezüglich der SAP-Produkte verantwortlich ist.[81] Verschiedene Projekte wurden gestartet, die für die Einhaltung der „Section 508"–Standards der Produkte und Websites von SAP zuständig sind. Wie Microsoft und IMB auch, ist SAP ebenfalls ein Sponsor der WAI.

---

77 IBM Web Accessibility Checklist: http://www-3.ibm.com/able/guidelines/web/accessweb.html; deutsche Kurzfassung der IBM Richtlinien zur Erstellung barrierefreier Internetseiten: http://www-5.ibm.com/de/accessibility/checkliste.html.

78 vgl. http://www.microsoft.com/enable/ oder auch Microsoft Accessibility Library: http://msdn.microsoft.com/library/default.asp?url=/nhp/Default.asp?contentid=28000544.

79 vgl. http://msdn.microsoft.com/library/default.asp?url=/library/en-us/vsent7/html/vxconAccessibilityDesignGuidelinesForWeb.asp

80 „Systeme, Anwendungen, Produkte"

81 SAP Accessibility Competence Center: http://www.saplabs.com/accessibility/access_home.htm.

Die Checkliste[82] der WAI dient somit als gute Übersicht und als Konzept für viele Unternehmen und Organisationen, die diese Richtlinien berücksichtigen oder als Basis für eigene Standards verwenden.

2.4 Website Evaluierung

Ein wichtiger Punkt, der auch von der WAI explizit angesprochen und empfohlen wird, ist die Evaluierung und Validierung von Websites. Die Überprüfung der Barrierefreiheit einer Webpräsenz mittels automatischer Tools bzw. manuell durch Personen sollte bereits während der Entwicklungsphase, bzw. bei bestehenden Internetauftritten vor einer Überarbeitung oder einem Relaunch erfolgen. Dabei gilt, dass „frühzeitig erkannte Zugänglichkeitsprobleme [..] einfacher zu korrigieren und zu vermeiden" sind.[83]

Durch die folgenden Test-Strategien und Techniken erhält man eine Einschätzung, ob die Internetseiten barrierefrei gestaltet sind und auch Hinweise, wo Änderungsbedarf vorhanden ist. Obwohl viele dieser Methoden die veränderte Wahrnehmung eines behinderten Nutzers simulieren, ist es in den meisten Fällen hilfreich, Testläufe mit Usern mit Beeinträchtigungen durchzuführen. Genauere Empfehlungen finden sich sowohl im Anhang A „Validierung" der WCAG[84], in Abschnitt 10 der „Core Techniques"[85] als auch in der „Evaluation Suite"[86] der WAI.

Der erste Schritt sollte die Überprüfung mit einem automatischen Validierungs-Tool sein, mit dem die Syntax der Site bezüglich HTML, CSS und XML[87] verifiziert wird.[88] Auch bezüglich Konformität mit bestehenden Accessibility-Standards gibt es eigene Validierungs-Programme für einzelne Webseiten oder ganzen Webpräsenzen. Die bekannteste Software hierzu ist die der Firma

---

[82] vgl. WAI WCAG WG, 1999a

[83] vgl. Anhang A – Validierung der WAI WCAG WG, 1999b

[84] vgl. WAI WCAG WG, 1999b

[85] vgl. WAI WCAG WG, 2000a

[86] vgl. WAI ERT WG, 2005

[87] Extensible Markup Language; Standard zur Definition von Auszeichnungssprachen.

[88] Für HTML-Validierung z.B. der „W3C validation service" unter http://validator.w3.org; für CSS der „W3C CSS Validation Service" unter http://jigsaw.w3.org/css-validator/.

Watchfire namens „Bobby“[89]. Websites, die diesen Anforderungen entsprechen, also „Bobby-konform“ sind, können als Gütesiegel mit einem entsprechenden Icon gekennzeichnet werden:

Neben dieser ersten technischen Überprüfung sollte ebenfalls eine manuelle Überprüfung stattfinden. Diese sollte verschiedene User-Szenarien einbeziehen, da Internetnutzer aufgrund ihrer Präferenzen unterschiedliche Einstellungen treffen und eine Vielzahl von Benutzeragenten[90] verwenden. Somit sollte die Website unter diversen Betriebssystemen, Browsern (alte und neue, Text- und Grafik-Browser[91] oder Emulatoren) sowie „User Agents“ (Screenreader, Displays etc.) getestet werden. Dies sollte mit den verschiedensten Einstellungsmöglichkeiten geschehen, um zu erproben, wie sich Menschen mit Handicaps eine Website erschließen: mit und ohne Ton, Grafik, Maus, Tastatur, Scripts und Applets. Ergänzend sollten auch – behinderte – Testpersonen die Website auf Fehlerquellen oder Probleme prüfen, da sie fundiertes Feedback über Probleme der Zugänglichkeit geben können.

Ebenso kann die Barrierefreiheit anhand der verschiedenen Checklisten, wie die der WAI oder von IBM, oder auch durch eigene Programme von Software-Herstellern geprüft werden. Ein weiterer wichtiger Aspekt ist die Überprüfung der Farbwahl, auch in Bezug auf Kontraste oder aus der Sicht einer farbenblinden Person. Dies kann auch leicht online mit zur Verfügung stehenden Tools erfolgen.[92]

---

[89] Ursprünglich von CAST.org entwickelt, testet Bobby die Einhaltung der Accessibility Richtlinien gemäß der „U.S. Section 508“ als auch gemäß der W3C's WCAG, http://bobby.watchfire.com/bobby/html/en/index.jsp. UsableNet bietet ebenfalls eine Testmöglichkeit mit der Software „LIFT“ online an, unter www.usablenet.com/index.htm.

[90] „Benutzeragent (user agent): Software zum Zugriff auf Web-Inhalte; dies umfasst grafische Desktop-Browser, Text-Browser, Sprach-Browser, Mobiltelefone, Multimedia-Player, Plug-Ins und manche assistive Software-Technologien, die in Verbindung mit Browsern verwendet werden, wie etwa Screenreader, Bildschirmlupen und Spracherkennungssoftware.“ (WAI WCAG WG, 2002 – Anhang B – Glossar).

[91] vgl. Kapitel 2.2.2

[92] Beispiele für hierfür sind: „Colorblind Web Page Filter“ http://colorfilter.wickline.org/ oder „Vischeck“ http://www.vischeck.com/.

2.5 Internationale Gesetzeslage und Rechtsprechung

Neben den privaten Initiativen für die Barrierefreiheit im World Wide Web, werden auch vermehrt die Gesetzgeber und Behörden weltweit mit dem Thema konfrontiert. In Anbetracht der Verbreitung des Internets und dessen Bedeutung für den Alltag, hat die Legislative bereits weltweit auf die Notwendigkeit reagiert, die Zugänglichkeit des Webs zu verbessern und zu fördern. „Die Politik interessiert sich zunehmend für diesen Bereich, was sich in politischen Aussagen und Verfassungsentscheidungen auf nationaler, europäischer und internationaler Ebene zeigt“ (Miesenberger, 2002, S. 31). Mit der Vielzahl neuer nationaler Verordnungen und weiterer zu erwartenden Gesetzesinitiativen, gibt es bereits eine Reihe von Rechtsverordnungen, welche die Einführung von barrierefreiem Design fordern.

Es muss erst das Bewusstsein dafür geschaffen werden, dass eine nicht-barrierefreie Website eine Diskriminierung darstellt, wie es auch diskriminierend ist, ein Verkaufslokal mit baulichen Barrieren zu errichten. In einigen Ländern wie beispielsweise in den USA oder Deutschland werden bereits Aufträge von öffentlichen Stellen unter der Auflage der Barrierefreiheit vergeben. Zwar sind private Betreiber nicht verpflichtet, zugängliche Websites zu schaffen, es ist aber ein Trend zu barrierefreien Angeboten zu erkennen.

2.5.1 USA

Die Vereinigten Staaten von Amerika nehmen eine Vorreiterrolle in Accessibility-Belangen ein. Der „Americans with Disabilities Act“ (ADA)[93], welcher im Jahr 1990 unterzeichnet wurde und 1992 in Kraft trat, stellt eines der umfassendsten Gesetze zur Durchsetzung der Chancengleichheit von Menschen mit Behinderungen dar (vgl. Sierkowski, 2002; Paciello, 2000, S. 23f).[94] Das Gesetz nimmt auf die meisten gesellschaftlichen Aspekte Bezug und gliedert sich in folgende fünf Hauptbereiche (Title I bis V), in denen Diskriminierung verboten wird:

Title I Employment
Title II Public Services (incl. Transportation)

[93] U.S. Department of Education: ADA Document Portal http://www.adaportal.org/General/Law/ADA_Statute_TOC.html

[94] U.S. Department of Justice: ADA Home Page http://www.ada.gov

Title III Public Accommodations and Services Operated by Private Entities
Title IV Telecommunications
Title V Miscellaneous Provisions

Bei Verstößen kann das US Justizministerium Schadenersatz, Rückzahlungen oder Zivilrechtsstrafen von $ 55.000,- bis $ 110.000,- verhängen, sofern keine Einigung durch ein Schlichtungsverfahren (Mediation) erzielt werden kann.[95]

Es ist bis heute nicht klar, ob und in welcher Form der ADA auf das Internet anzuwenden ist (siehe Kapitel 3.4). Jedoch müssen bereits alle Webangebote öffentlicher Stellen barrierefrei erstellt werden. Dies regelt die „Section 508" des „Federal Rehabilitation Act Standards"[96], das weit über den Internetbereich für jegliche Hard- und Software die barrierefreie Gestaltung fordert (vgl. Chamberlain, 2002). Diese Standards sind vom U.S. Access Board erlassen worden und traten im Juni 2001 in Kraft. Die Anforderungen entsprechen im Wesentlichen den Richtlinien der Priorität 1 der WCAG 1.0 (vgl. Section 508 Standards Note to §1194.22). Für Webauftritte öffentlicher Stellen in den USA sind diese Verordnungen bindend, bei Missachtung können Geldstrafen verhängt werden.

2.5.2 Europäische Union

Ein zentrales Anliegen der Europäischen Union ist die Erleichterung des Umganges mit dem Internet, insbesondere für ältere und behinderte Menschen.

eEurope Die Initiative „*e*Europe 2002 – An Information Society for all"[97] der Europäischen Kommission stellte daher den ersten richtungweisenden Impuls für die „zukünftige Entwicklung der Europäischen Union im Informationszeitalter"[98] dar. Im Aktionsplan wurden als wirtschaftliche und gesellschaftspolitische Ziele die Schaffung eines billigeren, schnelleren und sichereren Internets, Investitionen in Menschen und deren Fertigkeiten sowie die Förderung

95 vgl. ADA Enforcement http://www.ada.gov/enforce.htm

96 The Rehabilitation Act Amendments (Section 508) http://www.access-board.gov/sec508/guide/act.htm oder http://www.section508.gov/

97 http://europa.eu.int/information_society/eeurope/2002/index_en.htm

98 Stabstelle IKT-Strategie des Bundes „Europa und internationale Beziehungen" http://www.cio.gv.at/international/

der Nutzung des Internet festgelegt (vgl. Europäische Kommission, 2000). Der Rat der Europäischen Union wollte damit eine raschere und umfassendere Nutzung des Internets in allen Gesellschaftsbereichen erzielen, um allen den Zugang zu (Internet) Informationen zu ermöglichen. Teil von *e*Europe ist auch die Aktion „*e*Accessibility“[99], die den „Design for all“-Ansatz und somit auch die Verabschiedung der WAI-Richtlinien für öffentliche Webangebote fördert. Die Maßnahmen, die den elektronischen Zugang zu grundlegenden öffentlichen Dienstleistungen sicherstellen, waren durch die Mitgliedstaaten schrittweise bis zum Jahr 2003 umzusetzen.

Durch *e*Europe 2002 sind bereits mehr Bürger und Unternehmen an das Internet herangeführt worden.[100] Diese Entwicklung soll durch den folgenden Aktionsplan „eEurope 2005“, der 2002 vorgestellt wurde, seine Fortsetzung finden. Ziel ist die „Förderung sicherer Dienste, Anwendungen und Inhalte auf der Grundlage einer weithin zugänglichen Breitband-Infrastruktur.“[101]

Um das Bewusstsein der Rechte von Menschen mit Behinderungen und deren Stellung zu verbessern, wurde das Jahr 2003 von der Europäischen Kommission zum „Europäischen Jahr der Menschen mit Behinderungen“[102] („EJMB 2003“) erklärt. Durch Veranstaltungen und Informationskampagnen wurde die Bevölkerung für die vielfältigen Formen der Diskriminierung behinderter Menschen sensibilisiert. Das Ziel war und ist die volle Gleichberechtigung und Beteiligung behinderter Menschen in allen Lebensbereichen.

2.5.3 Deutschland

Im Jahr 2001 startete die Kanzlerinitiative „Internet für alle“ mit einer Reihe von Maßnahmen zur Förderung der Informations- und Kommunikationstechnologien, wobei das Bundesministerium für Wirtschaft und Technologie in diesem Rahmen die Aktion „Internet ohne Barrieren“ startete, um behinderten Menschen diese

---

[99] e-Accessibility: Accessibility and Information Society http://europa.eu.int/information_society/topics/citizens/accessibility/index_en.htm

[100] http://europa.eu.int/information_society/eeurope/2005/index_en.htm

[101] eEurope 2005 Action Plan, Executive Summary: http://europa.eu.int/information_society/eeurope/2002/news_library/documents/eeurope2005/execsum_de.pdf

[102] European Year of People with Disabilities 2003 (EYPD) http://www.eypd2003.org

Technologien vermehrt zu erschließen (vgl. BMWI, 2002b, S. 4). Mit diesem Ziel der Chancengleichheit trat im Mai 2002 das „Bundesbehindertengleichstellungsgesetz“ (BGG)[103] in Kraft. Darin verpflichtet sich die deutsche Bundesregierung, möglichst viele Barrieren zu beseitigen, die Menschen mit Behinderungen daran hindern, in gleicher Weise wie Nichtbehinderte am gesellschaftlichen Leben teilzuhaben:

> „Barrierefrei sind bauliche und sonstige Anlagen, Verkehrsmittel, technische Gebrauchsgegenstände, Systeme der Informationsverarbeitung, akustische und visuelle Informationsquellen und Kommunikationseinrichtungen sowie andere gestaltete Lebensbereiche, wenn sie für behinderte Menschen in der allgemein üblichen Weise, ohne besondere Erschwernis und grundsätzlich ohne fremde Hilfe zugänglich und nutzbar sind.“ (BGG §4)

Der BGG §11 (1) „Barrierefreie Informationstechnik“ regelt die Selbstverpflichtung der Bundesverwaltung zur Website-Zugänglichkeit:

> „Träger öffentlicher Gewalt [..] gestalten ihre Internetauftritte [..] schrittweise technisch so, dass sie von behinderten Menschen grundsätzlich uneingeschränkt genutzt werden können.“ (BGG §11 (1))

Zur praktischen Umsetzung ist im Juli 2002 die „Verordnung zur Schaffung barrierefreier Informationstechnik nach dem Behindertengleichstellungsgesetz“ (BITV)[104] in Kraft getreten. Danach müssen alle öffentlichen Internetauftritte für Menschen mit Behinderungen zugänglich sein, wobei dies vorerst nur für neue Sites gilt. Für bereits bestehende Internetangebote gelten Übergangsfristen bis 2005. Die BITV spezifiziert die Anforderungen nur bezüglich der Inhalte und ist an den Standards der WCAG der WAI angelehnt.

Auf private Internetanbieter ist diese Verordnung zwar nicht anzuwenden, die staatliche Verpflichtung soll jedoch Vorbildwirkung haben. Dabei sollen diese durch entsprechende flexible „„Zielvereinbarungen“ zwischen Industrie und

---

[103] auch „Gesetz zur Gleichstellung behinderter Menschen“ http://bundesrecht.juris.de/bundesrecht/bgg/index.html oder http://www.behindertenbeauftragter.de/gesetzgebung/behindertengleichstellungsgesetz

[104] Barrierefreie Informationstechnik–Verordnung http://bundesrecht.juris.de/bundesrecht/bitv/index.html oder http://www.behindertenbeauftragter.de/gesetzgebung/behindertengleichstellungsgesetz/rechtsverordnung/rvo11bgg

Behindertenorganisationen dazu ermutigt werden, ihre Webpräsenzen barrierefrei zu gestalten (vgl. BGG §11 (2)). Die Wirtschaft hat in ersten kooperativen Gesprächen bereits „deutliches Interesse am Aufbau barrierefreier Internet-Angebote signalisiert", und es bleibt abzuwarten, wie ernst dies gemeint ist und ob es zusätzlicher gesetzlicher Verpflichtungen bedarf (BMWI, 2002b, S. 4).

Durch dieses Gesetz wird deutlich, welche Priorität Barrierefreiheit bei der deutschen Bundesverwaltung einnimmt und welchen Weg man der Privatwirtschaft weist: Es soll auf breiter Basis das barrierefreie Design elektronischer Medien erreicht werden.

Diese und weitere Gesetze und Verordnungen für behinderte Menschen sind online unter http://www.bmgs.bund.de/deu/gra/gesetze/ges_4.cfm nachzulesen. Nähere Informationen sind auch über den „Beauftragten der Bundesregierung für die Belange behinderter Menschen" unter http://www.behindertenbeauftragter.de/ oder im E-Government-Handbuch (vgl. BSI, 2002) des deutschen Bundesamtes für Sicherheit in der Informationstechnik erhältlich.

2.5.4 Österreich

Zurzeit besteht in Österreich als einzige Nicht-Diskrimierungsbestimmung für Menschen mit Behinderungen der Absatz im Bundesverfassungsgesetz (B-VG) Art. 7 Abs. 1.[105] Dieser Schutz ist auch im Verwaltungsverfahrensgesetz (EGVG Art. IX Abs. 1 Z 3) enthalten.[106] Ein eigenes Gesetz ist in Planung; im Januar 2004 legte das Bundesministerium für soziale Sicherheit, Generationen und Konsumentenschutz einen Entwurf für das „Behindertengleichstellungsgesetz" (BGStG) vor.[107] Dieser Entwurf sieht auch die Barrierefreiheit von öffentlichen Webauftritten verpflichtend vor:

---

[105] „Niemand darf wegen seiner Behinderung benachteiligt werden. Die Republik (Bund, Länder und Gemeinden) bekennt sich dazu, die Gleichberechtigung von behinderten und nichtbehinderten Menschen in allen Bereichen des täglichen Lebens zu gewährleisten." (vgl. B-VG Art. 7)

[106] Das Einführungsgesetz zu den Verwaltungsverfahrensgesetzen sieht eine Geldstrafe vor, wenn jemand „Personen allein auf Grund ihrer Rasse, ihrer Hautfarbe, ihrer nationalen oder ethnischen Herkunft, ihres religiösen Bekenntnisses oder einer Behinderung ungerechtfertigt benachteiligt oder sie hindert, Orte zu betreten oder Dienstleistungen in Anspruch zu nehmen, die für den allgemeinen öffentlichen Gebrauch bestimmt sind." (vgl. EGVG Art. IX)

[107] Entwurf eines Bundesgesetzes über die Gleichstellung von Menschen mit Behinderungen (Behindertengleichstellungsgesetz – BGStG) § 4 „Barrierefreiheit": „Barrierefrei sind bauliche und sonstige Anlagen, Verkehrsmittel, technische Gebrauchsgegenstände, Systeme der

> „Eine mittelbare Diskriminierung auf Grund gestalteter Lebensbereiche ist insbesondere dann anzunehmen, wenn [..] Internetauftritte und -angebote für Menschen mit Behinderungen nicht oder nur mit besonderer Erschwernis benutzbar sind". (BGStG §9 (3))

Derzeit wird an der Umsetzung der WAI-Richlinien zur Erfüllung des E-Government Gesetzes (E-GovG Art. 1 Abs. 3) gearbeitet, dementsprechend behördliche Internetauftritte spätestens bis 1. Jänner 2008 den Standards entsprechen müssen.[108] Um das Ziel des Aktionsplanes „eEurope 2002" zu unterstützen, hat das Bundesministerium für soziale Sicherheit und Generationen eine Broschüre mit dem Titel „Leitlinien für die Gestaltung von barrierefreien Websites" herausgebracht (vgl. BMSG, 2002), ebenso sind auf der Website Informationen über und für Menschen mit Behinderungen zu finden.[109]

2.5.5 Andere Länder

- Schweiz

Im „Behindertengleichstellungsgesetz" (BehiG) ist die „Beseitigung von Benachteiligungen von Menschen mit Behinderungen" geregelt und setzt Rahmenbedingungen, die es Menschen mit Behinderungen erleichtern, am gesellschaftlichen Leben teilzunehmen:

> „Eine Benachteiligung liegt vor, wenn Behinderte rechtlich oder tatsächlich anders als nicht Behinderte behandelt und dabei ohne sachliche Rechtfertigung schlechter gestellt werden als diese, oder wenn eine unterschiedliche Behandlung fehlt, die zur tatsächlichen Gleichstellung Behinderter und nicht Behinderter notwendig ist." (BehiG Art. 2 (2))

Informationsverarbeitung sowie andere gestaltete Lebensbereiche, wenn sie für Menschen mit Behinderungen in der allgemein üblichen Weise, ohne besondere Erschwernis und grundsätzlich ohne fremde Hilfe zugänglich und nutzbar sind." (vgl. Entwurf BGStG)

[108] Für Informationen über den Stand der Umsetzung siehe „Zugang aller zum Internet" unter http://www.cio.gv.at/egovernment/wai/.

[109] Bundesministerium für soziale Sicherheit, Generationen und Konsumentenschutz http://www.bmsg.gv.at/cms/site/liste.html?channel=CH0053 (z.B. Broschüre „Überblick: Hilfen für Menschen mit Behinderungen im österreichischen Sozialsystem").

> „Eine Benachteiligung bei der Inanspruchnahme einer Dienstleistung liegt vor, wenn diese für Behinderte nicht oder nur unter erschwerenden Bedingungen möglich ist." (BehiG Art. 2 (4))

Der Bundesrat hat mit Januar 2004 die Behindertengleichstellungsverordnung (BehiV) in Kraft gesetzt, welches in Artikel 10 (bzw. auch Art. 14 Abs. 1 und 2 BehiG) die Dienstleistungen im Internet regelt. Dadurch müssen die Internetangebote des Bundes den Richtlinien der WAI entsprechen.

- Australien

In Australien nimmt das Anti-Diskriminierungsgesetz eine wichtige Stellung ein, infolgedessen auch die Zugänglichkeit des Internets sehr gefördert wird. Die „Human Rights and Equal Opportunity Commission" (HREOC), die australische Menschenrechtskommission, nimmt hier die zentrale Rolle ein, deren Leitmotiv wie folgt lautet: „working towards an Australian society where the human rights of all are respected, protected and promoted".[110]
Mit dem „Disability Discrimination Act 1992"[111] wird der Abbau von Diskriminierungen aufgrund einer Behinderung, die Gleichstellung und die gesellschaftliche Anerkennung gleicher Rechte gefördert.[112] Bezüglich Barrierefreiheit hat die Kommission die „World Wide Web Access: Disability Discrimination Act Advisory Notes"[113] herausgebracht, die zwar keine rechtliche Bindung, aber beratende Informationen über die Zugänglichkeit von Webauftritten zur Verfügung stellt (vgl. Paciello, 2000, S. 41).

- England

Der bestehende „Disability Discrimination Act" (DDA)[114] von 1995 wurde „von [..] der englischen Behindertenrechtsbewegung als völlig inakzeptabel und nicht adäquat bezeichnet, weil [..] manche diskriminierte Gruppen nicht erfaßt werden" und gewisse Rechte fehlten (Bizeps, 1999, S. 48f). Mit dem Erlass des „Disability Rights Commission Act" im Jahr 1999 wurde 2000 die „Disability Rights Commission" (DRC) geschaffen, die das Recht hat, Ministerien bei Gesetzes-

110 HREOC Info Sheet http://www.hreoc.gov.au/info_sheet.html

111 DDA http://scaleplus.law.gov.au/html/pasteact/0/311/top.htm

112 „A brief guide to the Disability Discrimination Act" http://www.hreoc.gov.au/disability_rights/dda_guide/dda_guide.htm

113 World Wide Web Access: Disability Discrimination Act Advisory Notes http://www.hreoc.gov.au/disability_rights/standards/www_3/www_3.html

114 DDA http://www.legislation.hmso.gov.uk/acts/acts1995/1995050.htm

änderungen zu beraten und weiters gegen die Diskriminierung kämpfen sowie die Chancengleichheit fördern soll.[115] Die Kommission führte im Jahr 2003 eine Untersuchung der privaten und öffentlichen Webauftritte hinsichtlich ihrer Barrierefreiheit durch, und fand dabei heraus, dass 81% der analysierten Websites nicht einmal die einfachsten Richtlinien der WAI erfüllten.[116]

Weitere Informationen über die Gesetzeslage weltweit finden sich in Paciello (2000), Slatin und Rush (2002), Thatcher et al. (2002), Clark (2002) oder den Linksammlungen der verschiedenen offiziellen und gemeinnützigen Organisationen (siehe Kapitel 2.3.2) bzw. im Dokument „Policies Relating to Web Accessibility" der WAI unter http://www.w3.org/WAI/Policy/.

[115] vgl. Disability Rights Commission http://www.drc-gb.org/

[116] vgl. Disability Rights Commission, 2004

3 Web-Accessibility: Einflussfaktoren und Effekte

Dieses Kapitel stellt die unterschiedlichen Einflussfaktoren und Effekte im Hinblick auf Web-Accessibility dar. Beginnend mit der Bedeutung von Websites werden die sozialen, rechtlichen und ethischen Faktoren sowie die involvierten Kosten detailliert dargestellt. Es wird veranschaulicht, weshalb Webautoren und Unternehmen das Konzept „Accessibility" in Erwägung ziehen und auch berücksichtigen sollten. Da das Ziel einer Website darin besteht, möglichst viele Menschen zu erreichen, ist es notwendig sicherzustellen, dass der Zugang zum Web auch allen ermöglicht wird und nicht einzelne Nutzergruppen unbeabsichtigt ausgeschlossen werden.

3.1 Präsenz im Internet

Mit der wachsenden Bedeutung des Internets und den steigenden Nutzerzahlen stieg auch das Interesse der Unternehmen an einer Webpräsenz. War eine Website früher nur eine Spielerei für Privatpersonen oder Unternehmen, hat sich die Website als „Visitenkarte" im Internet zu einem bedeutenden Medium unserer Zeit gewandelt. Wie Martin Ladstätter, verantwortlich für Internetprojekte bei BIZEPS[117], treffend sagt:

> „Es ist unbestritten: Das Internet ist die Informationsquelle der Gegenwart. [..] Wer keinen oder einen nur unzureichenden Zugang zu dieser Quelle hat, gerät schnell ins Hintertreffen. Dies gilt sowohl für behinderte als auch für nichtbehinderte Menschen." (Zechner, 2001, S. 79)

Der Nutzen einer Webpräsenz liegt in der Interaktivität, Flexibilität, Individualisierung und Multimedialität des Internets. Die Schnelligkeit (sofortige Aktualisierung der Information), die ständige Verfügbarkeit (24 Stunden, 7 Tage

---

[117] Österreichisches Behindertenberatungszentrum, Zentrum für Selbstbestimmtes Leben

in der Woche, 365 Tage im Jahr), die größere Anschaulichkeit (durch multimediale Elemente), die Zeitersparnis für die Konsumenten (z.B. Online-Überweisungen) und die geringeren Kosten gegenüber Katalogdruck, Postversand u.ä. sind die wesentlichen Vorteile eines Unternehmensauftrittes im Internet. Firmen nutzen vermehrt das Internet zur Präsentation, Kontaktaufnahme und Kundenbindung, sowie als Vertriebskanal und für erweiterte Informations- und Serviceleistungen. Zusätzlich repräsentieren sie das Unternehmen und nehmen hier eine wichtige Aufgabe des Marketings wahr. Sie sollen bestimmte Zielgruppen ansprechen und zum Bleiben, Wiederkommen sowie zum Kauf anreizen.

> „Die Gewinner sind jene Unternehmen, die betriebswirtschaftlich traditionell handeln, aber auf unkonventionelle Weise ihren Kunden einen klaren Mehrwert bieten. [..] Die intelligente Integration ins bestehende Geschäft ist der Schlüssel zum Erfolg. Zwar wird die Zahl der Nutzer weiter steigen – aber nicht mehr exponentiell. Jetzt geht es vor allem um Verbesserungen von bestehenden Produkten in weitgehend gesättigten Märkten.“[118]

Die Ergebnisse des „AIM-Business“[119] zeigen, dass für österreichische Unternehmen das Internet eine Selbstverständlichkeit ist (vgl. Integral, 2003b, S. 1). Bereits 76% der Unternehmen haben Zugang zum Internet und 54% verfügen über eine eigene Website, dies liegt über dem EU-Durchschnitt von 68% bzw. 46% (vgl. Deiss, 2002, S. 2 und Kapitel 1.1). Laut neuesten Studien ist die Bedeutung des Internet für das Geschäft der Unternehmen wichtig, und die meisten Unternehmen erwarten in Zukunft einen weiterhin zunehmenden Einfluss (vgl. Roland Berger, 2002, S. 5). Die bessere Information für Kunden und das verbesserte Firmenimage zählt für die meisten der im Internet vertretenen Unternehmen zum wahrgenommenen Nutzen einer Website, gefolgt von der Erschließung neuer Märkte und Zielgruppen, sowie Vergrößerung des Marktanteiles. Als weitere Erfolgsfaktoren geben Firmen erhöhte Umsatzgenerierung, bessere Kundenbindung und -zufriedenheit an (vgl. Chambers of Commerce of Ireland, 2002, S. 31 sowie Strauß und Schoder, 2002, S. 26).

Barrierefreiheit spielt in den letzten Jahren, wie in den vorherigen Kapiteln bereits erläutert wurde, eine immer größere und wichtigere Rolle. Die Zugänglichkeit ist

[118] „Ich google – Sie auch?“, Artikel Der Standard Sa./So., 10./11. Mai 2003

[119] Austrian Internet Monitor (AIM): von den Marktforschungsinstituten Integral und Fessel GfK erhobene statistische Daten über die Internetnutzung in Österreich.

zu einem Qualitätsmerkmal und für viele bereits zu einem „Muss“ geworden, in einigen Fällen auch bereits durch Gesetze unumgänglich.[120] Dennoch beurteilen nur knapp 56% der Befragten das Thema Accessibility als wichtig oder angemessen und über 27% der Befragten stellt die Bedeutung der Zugänglichkeit im Internet in Abrede (vgl. Icomedias, 2003, S. 14). Jedoch geht aus derselben Studie von Icomedias hervor, dass Imagevorteile durch eine barrierefreie Website von fast 90% erwartet würden, was auf eine Widersprüchlichkeit bzw. insbesondere auch auf mangelnde Information schließen lässt. Daher ist es ein wichtiges Anliegen dieses Buches, diese fehlenden relevanten Fakten und Informationen aufzuzeigen und darzulegen.

Die Gründe für das Fehlen zugänglicher Angebote reichen von fehlendem Know-how über den vermeintlich hohen Zeit-, Technik- und Kostenaufwand bis zum Einwand, es gäbe zu wenige Nutznießer. Gründe *für* die Barrierefreiheit einer Website sind zum größten Teil ethischer Natur, erst danach kommen auch persönliche, juristische und monetäre Motive. Trotz dieser sich teilweise, besonders in finanzieller Hinsicht widersprechenden Aussagen, werden fast 86% der befragten Unternehmen in – näherer – Zukunft barrierefreie Inhalte auf ihrer Website anbieten. Nur 4% sehen eine Notwendigkeit dann erst, wenn entsprechende Gesetze verabschiedet wurden. Diese Studie zeigt deutlich die fehlende Orientierung über Accessibility und den erforderlichen Bedarf an Informationen auf.

3.2 Kosten einer Webpräsenz

Eine Reihe von Faktoren beeinflusst die Kosten eines Webauftrittes, hauptsächlich ist aber die Unternehmensgröße für die Höhe der Kosten ausschlaggebend, sowie die Funktionalität (Intranet, Einkaufsplattform bzw. Online-Shop, Newsletter, Datenbank etc.).[121] Einfluss auf den Projektumfang

[120] „Für einen öffentlich-rechtlichen Sender wie den WDR ist die barrierefreie Gestaltung des Internet-Angebotes ein Muss. Wir wollen ja Inhalte vermitteln, und wenn die nicht von jedem Menschen gelesen werden können, tun wir uns selbst keinen Gefallen. Es geht also nicht um Barmherzigkeit, sondern es ist eine Sache auf Gegenseitigkeit. Schließlich gehören blinde und sehbehinderte Menschen zu unseren treuesten Hörern.“ Georg Berg, Internetredaktion des Westdeutschen Rundfunks (WDR) in Köln. (vgl. BMWI, 2002b, S. 10)

[121] Ebenfalls für die Preisgestaltung relevant ist, „ob Logos und Bilder schon vorhanden sind oder erst erstellt werden müssen, welche Programme und Redaktionssysteme zum Einsatz kommen und wie viel Wert auf Sicherheit gelegt wird.“ (Der Standard, 10. Februar 2004 „Homepage-Diskussion: Groll und Heiterkeit in der Branche“)

haben auch Art und Menge des Inhalts, in welchen Zeitabständen dieser aktualisiert wird, sowie welche Technologien[122] eingesetzt werden.

Der Bereich des Internets wird von der Mehrheit der Unternehmen den kundennahen Bereichen Marketing und Werbung zugeordnet (vgl. Roland Berger, 2002, S. 19). Der Internetanteil am Marketingbudget liegt meist „jenseits der zehn Prozent"[123]. Von Bedeutung ist auch, auf welcher Stufe der Internetnutzung sich das Unternehmen befindet, da sich die Skala von „eigener Homepage" bis zur „elektronischen Lieferkette" erstreckt (vgl. Impulse, 2003, S. 7). Insgesamt werden sechs Stufen mit folgendem Funktionalitätsumfang unterschieden:

Stufe 0:	Offline – keinerlei Nutzung von Internet und E-Mail
Stufe 1:	Passiv online – Internet und E-Mail-Nutzung ohne eigene Homepage
Stufe 2:	Eigene Homepage – Darstellung von Firma und Produkten
Stufe 3:	Online-Shop – Homepage mit Bestellmöglichkeit
Stufe 4:	Digitale Vernetzung – Stufe 3 plus Datenaustausch mit Lieferanten
Stufe 5:	Elektronische Lieferkette (Supply Chain) – vollautomatische Verzahnung von Geschäftsprozessen zwischen Unternehmen

Eine alternative, vereinfachte Sichtweise definiert zwei Entwicklungsstufen (vgl. Roland Berger, 2002, S. 12):

- Standardanwendung:
  - Image: Präsentation des Unternehmens, seiner Mitarbeiter und der Geschäftsfelder
- Businessanwendungen:
  - Content: Produktinformationen, Neuigkeiten aus Unternehmens- oder Branchenumfeld
  - Commerce: Ein- und Verkauf von Waren und Dienstleistungen über das Internet
  - Community: Interaktion mit und zwischen bestehenden oder potenziellen Kunden und Usern

[122] Beispielsweise Datenbanksysteme, Redaktionssyteme (CMS: Content Management Systeme) Software zur Verwaltung, d.h. effizientere und effektivere Herstellung, Pflege und Wartung des Inhaltes z.B. einer Website.

[123] Handler, G., Geschäftsführer des Webconsulters *diamond:dogs* in: Der Standard, 10.02.2004 „Homepage-Diskussion: Groll und Heiterkeit in der Branche".

Infolgedessen sind Variationen von rein statischem Content („Brochure-Ware") bis zu E-Commerce inkl. Bestellvorgang, Warenwirtschaft und Zahlungsabwicklung möglich. Diese Funktionen wirken sich natürlich auf die Kosten des Webauftrittes aus. Gemäß einer Untersuchung der Firma TechConsult im Auftrag von IBM geben 44% aller Unternehmen für ihre Website bis zu € 5.000,-, ein Drittel bis zu € 12.500,- und ein Sechstel bis zu € 25.000,- aus. Nur 7% bzw. 3% der Unternehmen investieren mehr als € 50.000,- bzw. € 250.000.- (vgl. Abbildung 3.1).

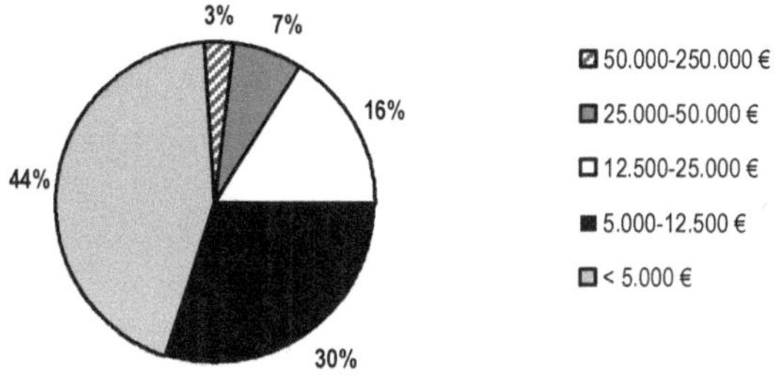

Abbildung 3.1: Kosten für Webauftritt

Quelle: BMWI, 2002a, S. 5f

Wird auch die Möglichkeit einer Bestellung bzw. eines Online-Shops miteinbezogen, steigen die Kosten entsprechend: 7% der Unternehmen investieren dafür mehr als € 250.000,- (vgl. Abbildung 3.2). Für Großkonzerne liegt die Untergrenze für Webausgaben bereits bei mehr als € 500.000,-.[124]

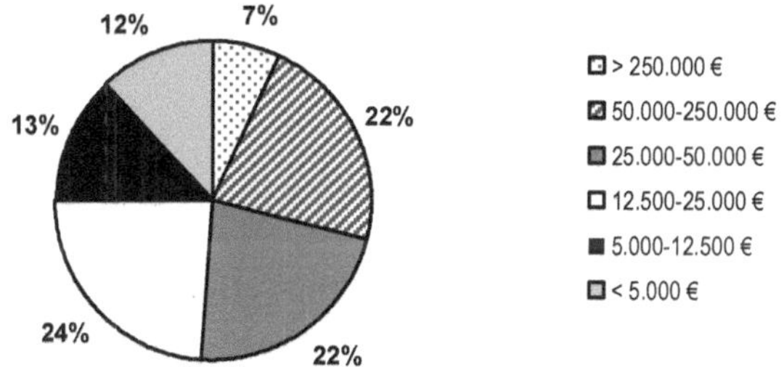

Abbildung 3.2: Kosten für Webauftritt mit Bestellmöglichkeit

Quelle: BMWI, 2003a, S. 2

[124] Karin Tzschentke: Der Standard, 10.02.2004: „Homepage-Diskussion: Groll und Heiterkeit in der Branche" und http://futurezone.orf.at/futurezone.orf?read=detail&id=214196

Im Folgenden wird eine Kategorisierung in drei Klassen (Mikro- und Kleinunternehmen sowie mittlere und große Unternehmen) vorgenommen und mit entsprechenden Beispielen versehen. Die Kosten entsprechen dem Aufwand bei Verwendung von zurzeit üblichen Programmiermethoden, d.h. mit Hilfe von Flash, Java und z.T. Content Management Systeme (CMS).[125] Diese Beispiele sollen jedoch nur zur Anschauung dienen, da jede Website andere Anforderungen hat und somit die Kosten einer Website völlig unterschiedlich sein können. Die genannten Zahlen sind eher als Größenangaben zur Verdeutlichung der Dimension und weniger als spezifische Kostengröße gedacht.

- Mikro-Unternehmen (z.B. Boutique, Restaurant, Buchhandlung, Arzt)
  verfügen oft über nur wenige, meist statische Seiten, die meist auf folgende Inhalte beschränkt sind:

  - Unternehmenspräsentation („*Wir über uns*")
  - Sortiment, Produkte, Leistungen
  - Angebote, News, Referenzen
  - Kontakt (Lageplan, Öffnungszeiten etc.)

  Die Kosten für derartige Webauftritte bewegen sich hier durchschnittlich in einer Größenordnung von rund € 4.000,-.

- Kleinunternehmen (z.B. Handels-, Consulting-Unternehmen)
  integrieren in ihren Webauftritt mehrere Funktionen und stellen detailliertere Informationen ins Netz wie beispielsweise:

  - statischer Bereich
    - Unternehmensphilosophie und Geschichte
    - Team, Partner, Standorte
    - Leistungen und Produkte
    - Referenzen, Kundenliste, Projekte, Newsletter
  - dynamischer Bereich, mittels CMS
    - Success Stories, Presse, Jobs
    - Wissensdatenbank, Fachinformationen, Download-Bereich
    - interaktiver Bereich: z.B. interaktiver Fragebogen

  Für eine Webpräsenz dieser Größe fallen im Durchschnitt Kosten in einer Größenordnung von € 12.000,- an.

[125] Diese wurden in Zusammenarbeit mit einem Wiener IT Consulting-Unternehmen entwickelt und basieren auf tatsächlichen Aufträgen.

- mittlere und große Unternehmen (Industriebetriebe u.ä.)
  haben bereits eine komplexe Webstruktur mit einem umfangreichen Informationsangebot, das die oben genannten Teilbereiche in größerem Umfang beinhaltet:
  - Bereich Unternehmensinfo (ca. 10 Seiten)
  - Bereich Investor Relations (ca. 30 Seiten)
    - Börseninfo
    - Insider Informationen
    - Jahresberichte
    - Partnerschaften
  - Bereich Produkte (ca. 200 Seiten)
    - Produktpalette
    - technische Informationen
    - Online-Shop

  Hier fallen Kosten in einer Größenordnung von € 25.000,- an.[126]

Die zentrale Frage, die Unternehmen rund um das Themengebiet Accessibility bewegt, ist die Kostenfrage. Das größte Hindernis bei der Erstellung von Internetangeboten ohne Barrieren ist der befürchtete Kostenaufschlag, der die Kosten der Website-Erstellung und Wartung „drastisch" erhöhen würde. Diese Befürchtungen sind meist unbegründet, kurzsichtig und lassen nötigen Weitblick vermissen, da außer Acht gelassen wird, dass die geringfügig höheren Investitionskosten durch Kostenersparnisse und Erlössteigerungen in den folgenden Jahren ausgeglichen werden.

Da die momentan üblicherweise verwendete Art der Webdesign-Programmierung in den meisten Fällen nicht den Kriterien der Barrierefreiheit entspricht, kommen zu den im vorherigen Kapitel erwähnten Anschaffungskosten meist nur geringe Mehrkosten für die entsprechende barrierefreie Aufbereitung hinzu. Die Schätzungen bezüglich dieser Zusatzkosten divergieren angesichts des kleinen Kreises von Fachleuten mit dem nötigen Know-how. Kalkulationen über die Kosten sind meist wenig detailliert und legen kaum dar, ob darin Ausbildungskosten enthalten sind, der Entwickler bereits Know-how bezüglich Accessibility aufgebaut hat, bereits entsprechende barrierefreie Vorlagen vorhanden sind, oder

[126] Als Referenzwerte können der Auftritt der Brau Union um € 20.000,-, die Site der Sattler AG um € 22.000,- bzw. von der Salzburger Aluminium AG für € 30.000,- genannt werden. (vgl. ORF futurezone „Die Websites der IV-Mitglieder" http://futurezone.orf.at/futurezone.orf?read=detail&id=214196)

in welchem Ausmaß getestet wurde. Dementsprechend fehlen die nötigen Erfahrungswerte für eine generelle Kostenaussage; die Berücksichtigung der Accessibility-Grundsätze führt aber – momentan – zu einem zeitlichen Mehraufwand und folglich auch zu Zusatzkosten. Da man daher kaum allgemeingültige Aussage treffen kann, inwieweit die Berücksichtigung der Prinzipien des barrierefreien Webdesigns den Kostenrahmen beeinflusst, können die folgenden Angaben nur grobe Richtwerte darstellen, vor allem, da die Befolgung einiger Prinzipien, wie verständliche Linktexte, auch ohne (Vor-) Kenntnisse der Richtlinien für zugängliches Design selbstverständlich ist oder sein sollte und dafür kein weiterer Aufwand nötig ist.

Webdesigner mit wenig Erfahrung in diesem Bereich, die sich das nötige Wissen erst aneignen müssen, d.h. für die dies ein völlig neuer Prozess ist, schätzen einen Mehraufwand von ca. 25% der Gesamtkosten.[127] Dieser Aufwand beinhaltet jedoch meist auch die Entwicklungszeit im Vorfeld und ignoriert Effekte aus der entstehenden Lernkurve, so dass dies keine genaue Abschätzung der zukünftigen Kosten darstellt.[128]

Phillip D. Jenkins, Accessibility Programm Manager des IBM Accessibility Centers, weist besonders auf die Unterschiede im Wissenstand bzw. der Umstände hin, die eine Aussage bezüglich der Kosten erschweren. Grundsätzlich hält er Mehrkosten von 10% bis 25% für realistisch. Dieser Prozentsatz variiert jedoch stark, abhängig vom Grad der Unzugänglichkeit der zu modifizierenden Website:

> „One thing for sure, it takes extra effort, expense, or time to do anything, whether it is accessible or not."[129]

Der Webautor James W. Thatcher[130] vertritt hingegen die strikte Meinung, dass die gängigen Zahlen von 10% bis 15% Mehrkosten zu hoch angesetzt werden und die

---

[127] „What we've found – mostly from experience in designing/developing the 508 Universe [..] – is that our total costs increased 25% of the total project cost (compared to not considering accessibility issues)." Roades, A.: „RE: Building a business case for web accessibility" (August 09, 2001 1:50 PM) http://lists.w3.org/Archives/Public/w3c-wai-eo/2001JulSep/0126.html

[128] Bohman, P.: „Re: Building a business case for web accessibility" (August 09, 2001 3:24 PM) http://lists.w3.org/Archives/Public/w3c-wai-eo/2001JulSep/0122.html

[129] „Although when forced to give someone a number, it is usually in the 10-25% range, but I've gotten higher than 100% when it was an old inaccessible Java applet and lower than 10% when it was only missing alt text." Jenkins, P.: „RE: Building a business case for web accessibility" (August 09, 2001 3:33 PM) http://lists.w3.org/Archives/Public/w3c-wai-eo/2001JulSep/0123.html

Kosten für Accessibility zu vernachlässigen sind.[131] Wie sein Kollege Paul Bohman[132] ist Thatcher der Meinung, dass Accessibility kein „Add-on“ des Entwicklungsprozesses ist. Barrierefreiheit betrifft jede Phase des Webdesign-Prozesses und interagiert mit jeder Entscheidung. Wird von Anfang an barrierefreies Design bedacht und integriert, bedeutet dies keinen zusätzlichen Aufwand oder Kosten.[133] Dieses Umdenken muss laut Bohman noch geschehen, und er zieht einen Vergleich zu einem ähnlichen Fall der jüngsten Vergangenheit:

> „It's like asking how much extra does it cost a company to make things work in both Netscape and Internet Explorer. No one asks this question anymore, because everyone knows that they just have to do it, and it's a part of the process.“[134]

Berücksichtigt man die Prinzipien der Barrierefreiheit eines Internetauftrittes bereits bei der Konzeptionsphase, „entstehen in der Regel keine oder nur geringe Mehrkosten“.[135] Im Falle einer Modifizierung, d.h. einer nachträglichen Über-

---

130 Thatcher, meist nur unter Jim Thatcher, ist Autor des Buches „Constructing Accessible Web Sites“ und Accessibility-Berater. Er war im IBM Accessibility Center für Accessibility und assistive Technologien verantwortlich und als stellvertretender Vorsitzender des Electronic and Information Technology Access Advisory Committee (EITAAC) des Access Board für die Section 508 zuständig.

131 „I have often heard a 10% - 15% figure for the cost of accessible stuff (web, software). But I think that is too high. Almost all access issues are found in the templates and when access is fixed there, hundreds/thousands of pages go by for free. So I am going to place a stake in the ground and estimate that generally accessible web [costs are] [..] almost negligible. If you are producing page at a time and doing it accessibly it is just not that much work“ Thatcher, J.: „RE: Building a business case for web accessibility“ (August 10, 2001 8:38 PM) http://lists.w3.org/Archives/Public/w3c-wai-eo/2001JulSep/0130.html

132 Paul Bohman ist Technology Coordinator bei WebAIM (Web Accessibility in Mind) und dem Center for Persons with Disabilities und Co-Autor des Buches „Constructing Accessible Web Sites“.

133 „A very important point to underscore is that accessibility is not an add-on to the process. You don't design something and then at the end try to determine whether or not [it] is accessible. By the time the developers get that far, it's already too late. Accessibility is implemented at every stage of the game. If the designers are thinking in terms of accessibility from the beginning, it really doesn't take "extra" time to tack-on accessibility, because the process is so intertwined with all of the other aspects of design. In fact, you're not "tacking on" anything at all. You are simply creating the desired result, which (oh, by the way) is accessible.“ Bohman, P.: „Re: Building a business case for web accessibility“ (August 09, 2001 3:24 PM) http://lists.w3.org/Archives/Public/w3c-wai-eo/2001JulSep/0122.html

134 Bohman, P.: „Re: Building a business case for web accessibility“ (August 09, 2001 3:24 PM) http://lists.w3.org/Archives/Public/w3c-wai-eo/2001JulSep/0122.html

135 vgl. http://www.web-barrierefrei.at/index.php/Fragen%20&%20Antworten.html

arbeitung[136] einer bestehenden Webpräsenz fallen im Gegensatz dazu meist zusätzliche Kosten an. Obwohl eine Anpassung im Nachhinein nicht dem idealen Weg entspricht, kann es doch in einigen Fällen kurz- oder mittelfristig eine Lösung darstellen. Anpassungsmaßnahmen stellen immerhin eine Verbesserung der Accessibility dar und schaffen meist die Grundlagen für einen späteren barrierefreien Relaunch.[137] Wie die meisten Experten stimmt auch Jennifer Vollmer, Research Analyst und Expertin für die Einhaltung der Accessibility-Richtlinien, darin überein, dass es keine oder nur geringe Mehrkosten verursacht, die Grundregeln zur Barrierefreiheit einer Website von Beginn an zu berücksichtigen. Änderungen bestehender Webpräsenzen sind im Vergleich dazu mit einem höheren Aufwand verbunden, da bereits bestehende Barrieren beseitigt werden müssen. Diese Meinung wird auch in dem vom deutschen Bundesministerium für Wirtschaft und Technologie herausgegebenen Serviceheft vertreten und gegenüber Unternehmen kommuniziert.[138]

Für Kynn Bartlett[139] ist es keine Frage der Zusatzkosten sondern der vollen Kosten „of doing it right". Er vergleicht die Entscheidung *für* Accessibility mit den Überlegungen eines Hausbaues und legt damit sein Anliegen dar, dass es nur diesen einen korrekten Weg gibt:

> „If I build a house correctly, it might cost $ 75,000. If I leave out essential parts necessary for it to be a good house – maybe the insulation, skim a little on the materials, use smaller doors, or whatever, I can cut that cost by 20%. If someone requires me to not cut corners, they're not costing me an extra 25% – I'm just not able to get away with doing a lesser quality job. That is how I approach the "extra cost of web accessibility" issue. "[140]

---

[136] Im Englischen wird meist der Begriff „retrofitting" verwendet.

[137] Dodd, J., Technical Director and Mitbegründer von Bunnyfoot (Anbieter von Usability- und Accessibility- Dienstleistungen) http://lists.w3.org/Archives/Public/w3c-wai-eo/2003OctDec/0048.html

[138] „Wird der Aspekt der Barrierefreiheit bereits während der Konzeptionsphase einer Website mit bedacht, dann entstehen in der Regel keine oder nur geringe Mehrkosten. Ein zusätzlicher Aufwand ist erst im Nachhinein notwendig, wenn bereits bestehende Barrieren wieder ausgeräumt werden müssen." (vgl. BMWI, 2002b, S. 5 und S. 15)

[139] Kynn Bartlett ist Autor, Accessibility Consultant, Chief Technologist und Mitbegründer eines Webentwicklung-Unternehmens, Präsident der HTML Writers Guild und Direktor des AWARE Centers (Accessible Web Authoring Resources and Education Center)

[140] Bartlett, K.: „RE: Building a business case for web accessibility" (August 09, 2001 2:05 PM) http://lists.w3.org/Archives/Public/w3c-wai-eo/2001JulSep/0125.html

Die Analogie zur Architektur ist zutreffend, da ein fertig gestelltes Haus mit Mehrkosten später für spezielle Bedürfnisse angepasst werden muss. Werden diese Anforderungen bereits beim Entwurf und Bau berücksichtigt, entstehen kaum Zusatzkosten. Ebenso hat der Layout-Entwurf einer Website ähnliche Folgen; eine Korrektur bestehender Seiten ist nur mit höherem Aufwand möglich. Vollmer schätzt die Kosten für eine spätere Adaptierung viermal höher ein als jene bei frühzeitiger Berücksichtigung der Barrierefreiheit:

> „Many companies rush to create Web sites without considering accessibility and may later balk at spending money to retrofit their sites. As a rule, building in accessibility during a Web site's design costs only a quarter of the amount needed to retrofit a site later.“[141]

Dass viele Webdesigner bzw. Unternehmen jedoch diese Kosten überschätzen, zeigen auch einige Gerichtsurteile bzw. Musterprozesse. So plädierte das Olympische Komitee beispielsweise beim Prozess „Maguire gegen das Sydney Organizing Committee for the Olympic Games“ (siehe Kapitel 3.4) auf „unjustifiable hardship“[142], da nach ihren Angaben die Änderungen über A$ 2,2 Millionen kosten und rund ein Jahr in Anspruch nehmen würden.[143] Doch im Laufe des Prozesses konnten Experten belegen, dass es - ganz im Gegenteil – kaum kostenintensiv ist, den Webauftritt barrierefrei zu gestalten. Dies könnte innerhalb von vier Wochen, mit Kosten von nur A$ 29.450,-, also mit nur 1,4% der ursprünglich geschätzten Kosten geschehen.[144] Die Überschätzung der anfallenden Kosten beruht meist auf unzureichende Information oder auch fehlendem Interesse; in diesem Fall wurden die Kosten fast um das Hundertfache zu hoch eingeschätzt.

---

[141] „Court: Disability law doesn't apply to Web“ http://www.computerworld.com/developmenttopics/websitemgmt/story/0,10801,75676,00.html

[142] Auch „undue hardship“ genannt, stellt die Frage auf Zumutbarkeit, Ausmaßes und Aufwandes bei der Beurteilung, ob die Erfüllung barrierefreier Forderungen möglich und sinnvoll ist (Unzumutbarkeit).

[143] Als einen der Gründe für den Schwierigkeitsgrad der Abänderung wurde der Umfang der Site geltend gemacht. Hierbei fällt auf, dass Webauftritte nie zu umfangreich für die anderen Funktionalitäten, wie spezielles Graphik-Design, Java u.ä. sind. Dies liegt scheinbar nur in der Auffassung, was es „wert“ ist dafür zu zahlen.

[144] Details unter http://www.tomw.net.au/2000/mvs.html, http://www.humanrights.gov.au/disability_rights/decisions/comdec/1999/DD000150.htm, http://www.humanrights.gov.au/disability_rights/decisions/comdec/2000/DD000120.htm oder http://www.hreoc.gov.au/disability_rights/decisions/comdec/Maguire%20v%20SOCOG3.htm.

Bei den folgenden vorliegenden Referenzbeispielen wird im Sinne einer Kostendimensionierung von folgenden Kosten für eine zugängliche Version der Website ausgegangen:[145]

- Mikrounternehmen: € 4.000,-
  Kosten der Einbeziehung im Voraus: € 200,- bzw.
  Kosten einer Modifikation: € 300,-
  (kaum Änderungen notwendig)

- Kleinunternehmen: € 12.000,-
  Kosten der Einbeziehung im Voraus: € 1.000,- bzw.
  Kosten einer Modifikation: € 3.000,- bis € 4.000,-
  (Änderung des Konzeptes und des CMS nötig)

- mittlere und große Unternehmen: € 25.000,-
  Kosten der Einbeziehung im Voraus: € 1.000,- bzw.
  Kosten einer Modifikation: > € 15.000,- und mehr[146]

Zusammenfassend kann festgehalten werden, dass die Kosten einer nachträglichen Anpassung („Retrofitting“) im Allgemeinen höher sind, als bei Berücksichtigung der Accessibility-Prinzipien bereits in der Erstellungsphase. Dies gilt es bei der Gestaltung einer Internetpräsenz zu berücksichtigen.
Eine Website wird ständig aktuell gehalten, Änderungen der Inhalte und laufende Adaptionen und Erweiterungen erfolgen bei professionellen Webprojekten laufend. Wenn das Konzept jedoch radikal überarbeitet oder neu erstellt wird, die Gestaltungslinie geändert und die Technik modernisiert wird, spricht man von einem „Relaunch“ des Internetauftrittes. Nach vorliegenden Erfahrungen erfolgt eine solche Überarbeitung etwa alle 3 Jahre.[147] Somit stehen nicht nur neue Webauftritte vor der Entscheidung Barrierefreiheit zu berücksichtigen, sondern auch bestehende Websites müssen sich diesem Thema stellen.

Die Entscheidung *für* bzw. *gegen* die Barrierefreiheit eines Webauftrittes bringt jedoch auch andere Konsequenzen mit sich. Diese Folgen gilt es – bereits im Vorfeld – abzuschätzen bzw. einzukalkulieren. Viele dieser Größen lassen sich

[145] Schätzungen und Erfahrungswerte eines professionellen Web-Consulters anhand realer Fälle.

[146] Abhängig davon, ob bestehende Funktionalitäten verwendbar bleiben; meist ist fast ein Relaunch nötig, d.h. eine umfassende/komplette Überarbeitung bzw. ein Neudesign einer bestehenden Website (auch: Redesign).

[147] Erfahrungswert eines professionellen Webconsulters.

zwar schwer bis gar nicht, bzw. nicht im Voraus quantifizieren, dennoch sollten sie nicht außer Acht gelassen werden. Die Anschaffungskosten einer Website entsprechen nur einem Teil der mit einem Webauftritt verbundenen Kosten, unterschiedliche Faktoren können die Kosten bzw. die Entscheidung für oder gegen Accessibility positiv oder auch negativ beeinflussen. Auf diese Einflussgrößen wird nun in weiterer Folge eingegangen.

3.3 Image

Durch die Relevanz und das wachsende öffentliche Bewusstsein für Accessibility hat das Thema maßgebliche Wirkung auf das Ansehen eines Unternehmens. Werden barrierefreie Aspekte nicht beachtet, kann es zu negativer Presse, nachteiliger Publicity oder sogar zu potenziellen Umsatzverlusten kommen.[148] Als ein Hauptmotiv für Webpräsenzen geben Unternehmen ein besseres Firmen- und Markenimage an (vgl. Impulse und IBM, 2003, S. 17). Angesichts dieser Tatsache ist es kontraproduktiv, den barrierefreien Anforderungen nicht zu entsprechen und auf diese Weise sein Image zu schädigen.

Hingegen können barrierefreie Webauftritte in immer stärkerem Ausmaß auch den Firmen- und Markenwert erhöhen und eine positive öffentliche Wahrnehmung fördern. Durch einen barrierefreien Internetauftritt macht ein Unternehmen deutlich, dass keine Ausgrenzung von bestimmten Gruppen stattfindet. Gerade im „Jahr der Menschen mit Behinderungen 2003“ konnte man verstärkt Aktivitäten von Unternehmen feststellen, die mit der Gestaltung einer zugänglichen Website warben und auch verstärkt in den Medien vertreten waren.[149] Durch die Barrierefreiheit einer Website wird ein soziales Verantwortungsbewusstsein und Interesse kommuniziert und hervorgehoben. Unternehmen verbessern und bestärken mit diesen Bemühungen ihren Ruf und bewirken bei den Konsumenten eine positive Resonanz, Assoziation und letztendlich Kundenbindung mit ihrem

---

[148] Vgl. Artikel „Bad websites can seriously damage your brand“ http://www.bunnyfoot.com/freestuff/articles/general/branding.html.

[149] Beispielsweise bietet die Firma Ottakringer Brauerei AG ihre Website seit April 2003 auch in einer barrierefreien Form an: http://www.ottakringer.at/index.asp?wai=ja. Laut dem Vorstandsvorsitzenden Siegfried Menz war der Beweggrund, dass Ottakringer ein „Zeichen für Gleichberechtigung“ setzen wollte, vgl. „Erklärung“ unter: http://www.ottakringer.at/. Die Neugestaltung des Webauftrittes hat sicher einen Teil zum Imageschub als „sympathische Marke“ im letzten Jahr beigetragen; vgl. http://www.ottakringer.at/download/ trendletter_1_2004.pdf S. 5 bzw. http://www.eday.at/vortraege/tschernel.pdf S. 4.

Unternehmen. „Die Barrierefreiheit des Online-Angebots ist ein Qualitätsmerkmal [..] und somit auch ein Marketing- und PR-Potenzial." (BMWI, 2002b, S. 5) Von dieser positiven Publicity profitieren Firmen, die eine barrierefreie Website anbieten und damit ihr soziales Engagement zeigen. Viele große und bekannte Unternehmen bekennen sich als Sponsoren z.B. der WAI (siehe Kapitel 2.3.1) oder unterstützen andere Projekte, Initiativen und Organisationen zu diesem Themengebiet.[150]

Gesellschaftlich verantwortliches Verhalten und gesellschaftliches Engagement von Unternehmen wird immer stärker zu einem öffentlichen Thema. Durch neue Initiativen wie „Corporate Social Responsibility", „Sustainable Development" oder „Corporate Citizenship" versteht man Konzepte,[151] die verantwortliches Verhalten gegenüber Mitarbeitern, Aktionären, der Gesellschaft und der Umwelt fordern und fördern.[152] Das Vertrauen dieser Gruppen soll somit gefördert und zurückgewonnen werden. Es wird gezeigt, dass wirtschaftlicher Erfolg und gesellschaftliches Handeln kein Widerspruch, sondern im Gegenteil ein (Wettbewerbs)Vorteil sind. Die wirtschaftliche Performance reicht nicht mehr aus, stattdessen rücken Glaubwürdigkeit und Sozialthemen in den Mittelpunkt.
Diese Unternehmensphilosophie fördert u.a. Verbraucherinteressen, die Gleichstellung und Unterstützung behinderter Menschen und ein allgemeines soziales und verantwortliches Verhalten.

> „Corporate Social Responsibility ist längst kein Schlagwort mehr – sie ist zu einem Kernkriterium bei der Bewertung von Unternehmen und Wirtschaftsstandorten geworden. CSR ist weit mehr als die Unterstützung von sozialen und kulturellen Aktivitäten. Ein gutes und umfassendes CSR-Programm beeinflusst massiv die öffentliche Reputation und damit den Aktienkurs, das Investorenverhalten und die Kaufentscheidung von Konsumenten." (CSR, 2003b, S. 2)

---

[150] Beispielsweise unterstützt Microsoft das Projekt „Seniorkom" mit dem Ziel, den Zugang von älteren Menschen zu PC und Internet zu erleichtern. www.seniorkom.at oder http://www.microsoft.at/home/News_ShowPage.asp?Number=3173&DB=general

[151] Corporate Social Responsibility (CSR): „gesellschaftliche Verantwortung", Sustainable Development (SD): „Nachhaltigkeit", Corporate Citizenship (CC): „Bürgerschaftliches Engagement"

[152] Vgl. auch „CSR Europe": www.csreurope.org, „Nachhaltigkeit in Österreich": http://www.nachhaltigkeit.at/reportagen.php3?id=0#3, „Europäische Kommission CSR" http://europa.eu.int/comm/employment_social/soc-dial/csr/csr_index.htm.

Somit beeinflusst die Beachtung oder auch Missachtung der Barrierefreiheit das positive und negative Image eines Unternehmens und repräsentiert daher auch einen relevanten Kostenfaktor.[153]

3.4 Rechtshaftung

Nationale und internationale Gesetze und Vorschriften bezüglich Diskriminierung und Accessibility (siehe Kapitel 2.5) verpflichten Regierungen, öffentliche Einrichtungen und Unternehmen Menschen mit Behinderungen die gleichen Möglichkeiten zu bieten. Durch rechtliche Bestimmungen sind besonders öffentliche aber auch kommerzielle Unternehmen, die keine barrierefreie Internetpräsenz anbieten, einem Risiko durch mögliche juristische Verfahren ausgesetzt. Durch diese juristischen Vorgaben müssen die durch Klagen möglichen Gerichtskosten, Pönalien und Konventionalstrafen bei Nichteinhaltung der geforderten rechtlichen Regelungen als potenzieller Kostenfaktor berücksichtigt werden, beispielsweise auch im Rahmen einer Risikoanalyse.

Zurzeit liegen bereits einige Klagen betreffend mangelhafter oder fehlender Barrierefreiheit vor. In den meisten Fällen kommt es zu einem außergerichtlichen Vergleich. Das bekannteste Beispiel hierfür ist die Klage vom amerikanischen Blindenbund NFB (National Federation of the Blind) gegen den Online-Dienst AOL (America Online Inc.) im Jahr 1999. AOL wurde die Verletzung der Vorgaben des Gleichstellungsgesetzes Americans with Disabilities Act (vgl. Kapitel 2.5.1) vorgeworfen, da die Unternehmens-Website für Sehbehinderte und Blinde unzugänglich war. Eines der Hauptmotive für diesen Musterprozess war auch die Tatsache, dass die AOL-Software in wachsendem Maße zum Standard wurde und der NFB insofern darauf hinwirken wollte, dass die digitale Information auch in der Zukunft für jedermann zugänglich bleibt. Dieser Prozess startete die Diskussion, ob der ADA auch für das Internet anwendbar sei.[154] Diese Frage wurde jedoch nicht geklärt, da der Prozess mit einer außergerichtlichen Einigung beendet wurde, in der sich AOL verpflichtete, seine Software und

[153] „Verantwortungsvolles Handeln macht sich bezahlt. Als überdurchschnittlich erfolgreich haben sich die börsennotierten Unternehmen des Austrian Business Council for Sustainable Development (ABSCD) erwiesen. Sozial verantwortliches Verhalten kann Unternehmen einen Wettbewerbsvorteil verschaffen." (CSR, 2003a, S. 6f)

[154] Siehe Clark, 2002, S. 361f („Accessibility and the law"). Zur ähnlichen Fragestellung, ob das englische DDA auf das Internet anwendbar ist, siehe Sloan, 2001.

Internetprogramme kompatibel zu assistiver Technologie zu gestalten (vgl. Kapitel 2.3.3).

Aber es wurden auch bereits Prozesse geführt, die mit Schuldsprüchen beendet wurden. Als Musterprozess gilt hier der Fall Maguire gegen das australische Olympische Organisationskomitee SOCOG (Sydney Organizing Committee for the Olympic Games).[155] Hier klagte der Blinde Bruce Maguire mit Unterstützung der australischen Menschenrechtskommission (HREOC) im Jahr 2000 ebenfalls wegen der Unzugänglichkeit der Website für Menschen mit Sehbehinderungen und den Verstoß gegen den Disability Discrimination Act (vgl. Kapitel 2.5.5). Nach Anhörungen von Experten ordnete das Gericht eine entsprechende Änderung der Website an. Da das Olympische Komitee jedoch die Gerichtsentscheidung missachtete, wurden Maguire A$ 20.000,- zuerkannt (vgl. Kapitel 3.2).

Aufgrund der Ähnlichkeit der Anti-Diskriminierungsgesetze der einzelnen Länder gilt dieser als Präzedenzfall für ähnliche Fälle weltweit und belegt, dass unzugängliche Websites illegal sind.[156] Diese Entscheidungen zeigen nicht nur auf, dass Accessibility nicht optional ist und bei Nichtbeachtung ein Unternehmen mit gerichtlicher Verurteilung und Bestrafung rechnen muss, sondern auch, dass die Kosten für Accessibility zumeist überschätzt werden. Die Frage, die sich hier natürlich stellt, ist, wieso Unternehmen wie AOL nicht die Initiative ergreifen und von sich aus die Barrieren für Menschen mit Einschränkungen vermeiden bzw. beseitigen. Wieso musste es bis zu einem Gerichtsprozess kommen? Diese Frage stellt sich auch der auf barrierefreie Technologien und Behindertenfragen spezialisierte Autor John Williams:

> „But which is sounder business policy – to spend money defending the company against lawsuits, or to design your company's Web site

---

[155] Für Details des Verfahrens siehe „Reader's guide to Sydney Olympics accessibility complaint" http://www.contenu.nu/socog.html oder entsprechende Kapitel der Bücher von Clark, J. und Thatcher, J.

[156] „The fact that companies such as Tesco, Standard Life Investments and the Royal Mail have recently created accessible versions of their Web sites proves that businesses are slowly awakening to the issue of accessibility and the consequences of failing to comply. As more businesses follow this lead, the ones who do not merely risk falling further themselves." .Sloan, M.: Web Accessibility and the DDA, Refereed article, 2001 (2) The Journal of Information, Law and Technology oder unter http://elj.warwick.ac.uk/jilt/01-2/sloan.html

so that the disabled can access it. Nine times out of 10, the second option will cost far less money.“[157]

Die Möglichkeit einer solchen Klage und den damit verbundenen Risiken und Kosten müssen im Fall einer unzugänglichen Webpräsenz bedacht und berücksichtigt werden. Neben den entstehenden Prozesskosten sind natürlich auch damit verbundene Kosten wie negative Berichterstattung, verlorener Markenwert oder auch entgangene Umsätze und fallende Aktienkurse. Diese Nebenkosten der juristischen Haftung sind als Imageverlust im Kapitel 3.3 bereits angesprochen worden.

3.5 Kosteneinsparungen

Die zusätzlichen Anschaffungskosten eines barrierefreien Webauftrittes stellen nur einen kleinen Teil im Vergleich mit den Gesamtanschaffungskosten dar. Diese höheren Investitionskosten führen aber in den meisten Fällen zu langfristigen Kosteneinsparungen, beispielsweise in der Erhaltung und Aktualisierung der Website. Die Einhaltung von barrierefreien Richtlinien wirkt sich positiv auf die operativen Abläufe und technischen Vorgänge aus.[158]

Eine der Hauptfunktionen des Internets ist die Vermittlung von Informationen, deren Qualität wesentlich von der Aktualität abhängt:

> „Aktuelle Informationen resultieren in einer regelmäßigen Nutzung der Website durch den User und erhöhen dadurch die Bindung an das Unternehmen.“ (Roland Berger, 2002, S. 17)

Eine Internetpräsenz „ohne attraktive, regelmäßig aktualisierte Inhalte [..] [kann] schädlicher für das Image [..] [des] Unternehmens sein als gar kein Internetauftritt“, „die Häufigkeit der Aktualisierung hängt dabei von den Inhalten ab“ (BMWI, 2003a, S. 2, S. 5). Mehr als die Hälfte der Unternehmen (56%) aktualisieren die Webinhalte ein- oder mehrmals pro Woche (vgl. Roland Berger, 2002, S. 17).

---

157 Williams, J.M.: Can Visually Impaired Surfers Get Around on Your Web Site? (10. Nov. 1999) http://www.businessweek.com/bwdaily/dnflash/nov1999/nf91110d.htm

158 vgl. Web Accessibility Initiative 2002: 3. Improve Efficiency

Diese regelmäßige Aktualisierung ist sehr zeit- und kostenintensiv. Jedoch können diese Kosten durch eine barrierefreie Seite reduziert werden, aufgrund des strukturierten Aufbaus und der Trennung von Inhalt und Layout. Diese Trennung ist das Grundprinzip jedes Content Management Systems (CMS), das die Aktualisierung von Content erleichtert. Durch den vermehrten Einsatz von CMS und von der WAI empfohlenen Grundsätzen lassen sich barrierefreie Webauftritte schneller, einfacher und auch kostengünstiger aktualisieren, ändern, pflegen, warten und verwalten.[159] Doch „technische Lösungen, die automatisch für eine barrierefreie Umsetzung der Inhalte sorgen [..] sind weitgehend unbekannt oder werden nicht mit diesem Thema in Zusammenhang gebracht“.[160] Durch die Trennung von Inhalt und Layout mittels Cascading Style Sheets (CSS) können die Belastung des Servers und die Bandbreite reduziert werden.[161] Die Speicherung des Layout Style Sheets im Cache bewirkt eine starke Reduzierung der benötigten angeforderten und versandten Datenmengen des Servers.

Auch eine klare Navigation bewirkt eine Entlastung des Datenstromes, da die User schneller und direkter die gewünschten Informationen finden und so weniger Daten angefordert werden. Die Zeitschrift „Stern“ hat beispielsweise nach der Umstellung ihres Webauftrittes positive Erfahrungen und Rückmeldungen erhalten, da die Site jetzt wesentlich schneller zu laden ist.[162] Ebenso konnte die Webpräsenz des US-amerikanischen Sportkanals ESPN.com[163] durch Stylesheets ihre Übertragungsrate um 2 Terabyte senken und dadurch die generelle Serverlast verringern, bei einer schnelleren Ladezeit und gleich bleibender Optik.[164] Ein weiterer Vorteil der CSS ist die einfache Erstellung mehrerer Versionen z.B. einer Druckversion derselben Site mit geringem Mehraufwand.[165]

Für den Erfolg einer Website ist es von großer Bedeutung, von Suchmaschinen wie „Yahoo“ und „Google“ gefunden zu werden. Suchmaschinen haben im

---

[159] vgl. Web Accessibility Initiative 2002: 3. Improve Efficiency

[160] Icomedias: „Barrierefreies Internet in Österreich, Ein Lippenbekenntnis?“ http://icomedias.com/cms/beitrag/10003515/17410/

[161] vgl. Slatin, S. 481ff, Web Accessibility Initiative 2002, RNIB: The business case – Web access centre http://rnib.org.uk/xpedio/groups/public/documents/publicwebsite/public_businesscase.hcsp#P34_3691

[162] vgl. Broschüre „www.einfach-fuer-alle.de“ (Aktion Mensch, 2003, S. 16)

[163] Entertainment and Sports Programming Network

[164] Broschüre „www.einfach-fuer-alle.de“ (Aktion Mensch, 2003, S. 5)

[165] vgl. Tomas Caspers Der Grüne Punkt für Websites? http://www.einfach-fuer-alle.de/artikel/gruenerpunkt/

Grunde das gleiche Verhalten wie blinde Internetnutzer bzw. Screenreader, da sie den Text einer Site indizieren und daraufhin entsprechende Wertungen vergeben. Bei der barrierefreien Gestaltung von Webauftritten sind diese auch für Suchmaschinen leichter zu identifizieren und zu interpretieren. In weiterer Folge werden Webseiten leichter und besser von Usern (und potenziellen Kunden) gefunden.[166] Dies geht mit einer besseren Navigation, Lesbarkeit und allgemeinen Bedienungsfreundlichkeit einher.

Durch diese barrierefreien Techniken wird ebenfalls sichergestellt, dass ein Webauftritt auch für zukünftige, aktuelle und auch ältere Technologien zugänglich ist. Durch diese Geräteunabhängigkeit vom Endgerät ist die Mehrfachnutzung möglich, d.h. auf Personal Digital Assistants (PDA) sind Seiten ohne Modifizierungen ebenso gut lesbar und auch sonst treten keine Probleme mit der Browserkompatibilität auf.

Somit tragen barrierefreie Standards zu Kostenreduzierungen u.a. durch einfachere, schnellere und kostengünstigere Aktualisierung, Anpassung, Pflege und Wartung bei.

3.6 Zusätzliche Umsatzpotenziale

Einer der am häufigsten zitierten Gründe für die Berücksichtigung von barrierefreien Prinzipien liegt in der Erweiterung des Anwenderkreises. Grund für diese Zunahme des Zielpublikums ist die Möglichkeit der Anpassung an „a wider range of customers“ in „a wider range of situations“ (Thatcher, 2002, S. 16f). Zu diesen neuen möglichen Kunden gehören Menschen mit Behinderungen, Senioren, Nutzer mit geringen Bandbreiten oder technisch veralteten Geräten sowie Menschen in situationsbezogenen Einschränkungen oder mit unterschiedlichen Benutzeragenten wie Mobiltelefone oder PDAs (siehe Kapitel 2.2).

> „Die Breite der möglichen Fähigkeiten der Anwenderinnen und Anwender fordert flexible Lösungen mit Wahl- und Anpassungsoptionen. Ein universelles Design für möglichst alle wird damit zum Qualitätsaspekt eines Webauftrittes.“ (Hellbusch, 2004, S. V)

[166] vgl. Web Accessibility Initiative, 2002

- Menschen mit Behinderungen

Menschen mit Behinderungen nutzen das Internet aktiv, da es für viele die – einzige – Möglichkeit ist, sich in der Gesellschaft „frei" zu „bewegen" und eine Bereicherung ihres Alltags darstellt. Dennoch ist der Anteil der Bevölkerung mit Behinderungen stets als Nischenmarkt gesehen worden und Unternehmen sehen diese Gruppe nicht als Zielpublikum. Wie der Autor M. Paciello zugibt, sehen Firmen diesen Markt nicht als bedeutend genug an, um in diesen Bereich zu investieren.[167] Allerdings weisen jedoch bereits ca. 15% der Europäer eine Behinderung auf (vgl. Kapitel 1.3.2, Abbildung 1.6 und Abbildung 3.3). Durch Krankheit, Verletzungen und andere unvorhergesehene Ereignisse oder auch einfach durch Altern kann jeder an einer permanenten oder temporären Einschränkung im Laufe seines Lebens leiden (vgl. Kapitel 1.3.1). Wie Abbildung 3.3 zeigt, sind die über 60-Jährigen etwa doppelt so häufig von Beeinträchtigungen betroffen als der Durchschnittsbürger.

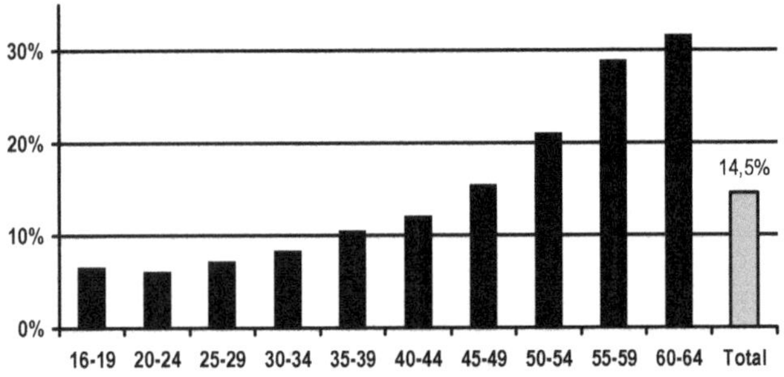

Abbildung 3.3: Behinderung in Abhängigkeit vom Alter (EU)

Quelle: Europäische Kommission, 2001 S. 8

Doch nicht nur die Zahl behinderter Menschen, vor allem auch das – als gering eingeschätzte – verfügbare Einkommen hemmt die Bereitschaft der Unternehmen, Barrierefreiheit zu finanzieren. Doch Menschen mit Behinderungen verfügen ebenso über wirtschaftliche Kaufkraft, wie eine Studie der OECD (Organisation for Economic Co-operation and Development) belegt. Behinderte Beschäftigte verdienen fast ebensoviel wie nichtbehinderte Beschäftigte (vgl. Abbildung 3.4).

[167] „They don't see the market. The moment you tell a company how important it is to their business to make their website accessible, they come back with statistics that the market isn't big enough for them to spend the money." (Paciello, 2000, S. 12)

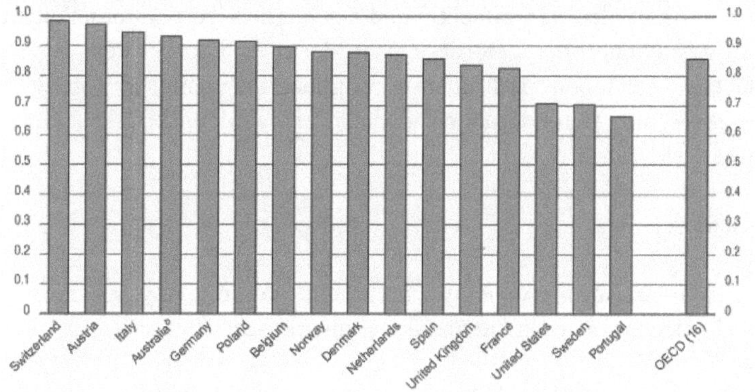

Abbildung 3.4: Einkommensunterschiede von behinderten relativ zu nichtbehinderten Beschäftigten

Quelle: OECD, 2003, S. 31

Die Einkommensunterschiede sind hier gering, das durchschnittliche Einkommen aus einem Arbeitsverhältnis für Menschen mit Behinderungen ist nur um 5% bis 15% niedriger als für Nichtbehinderte. Im OECD-Schnitt verdienen Angestellte mit Behinderungen ca. 86% im Vergleich mit Nicht-Behinderten; wobei der Unterschied z.B. in Österreich mit 97% nur sehr marginal ist. Vor allem durch die staatliche Unterstützung liegt das Einkommen von arbeitslosen behinderten Menschen relativ gesehen höher als von arbeitslosen nichtbehinderten Personen und entspricht in etwa 50% des Einkommens eines Beschäftigten (vgl. Abbildung 3.5).

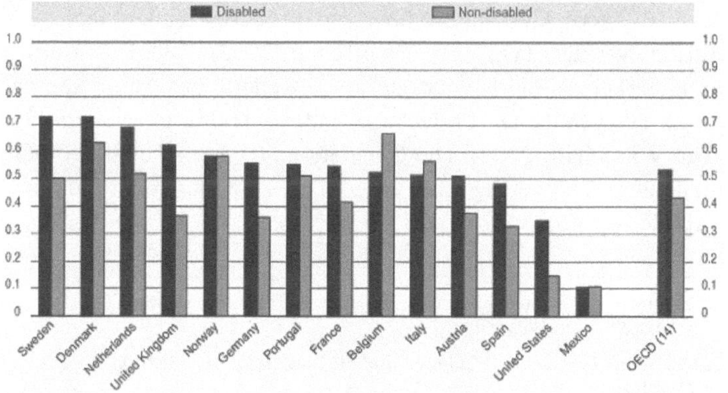

Abbildung 3.5: Einkommensunterschiede von Arbeitslosen relativ zu Beschäftigten, für Menschen mit und ohne Behinderung

Quelle: OECD, 2003, S. 33

Hinzu kommt der vereinfachte und auch günstigere Internetzugang, einerseits durch gesunkene oder geförderte Hard- und Softwarekosten, andererseits durch einfachen, schnellen und überall möglichen Zugang in Internetcafés, sodass Menschen mit Behinderungen ebenso als zahlungskräftige Nutzergruppe im Internet relevant sind.

- Senioren

> „This is a group which we all hope to join one day, which is growing in size and in political and economic power."[168]

Das Durchschnittsalter der Bevölkerung - und auch das der Internetnutzer – steigt permanent an. Über 20% der Einwohner Europas sind Senioren über 60 (vgl. United Nations, 2002) und bereits über ein Drittel ist der „Generation 50+"[169] zuzurechnen (vgl. Senioragency, und Lenhart, 2003). Somit ist das „dritte Lebensalter" das größte und am schnellsten wachsende Bevölkerungssegment.

Obwohl die ältere Generation 20% der Bevölkerung ausmacht, werden nur durchschnittlich 5% der Marketingbudgets für sie investiert (vgl. Economist, 2002 und Tréguer, 2002[170]). Ältere Menschen werden nicht als attraktive Zielgruppe gesehen, sondern großteils ignoriert. Doch bestehen besonders heutzutage große Unterschiede zwischen Gebrechlichkeit, Abhängigkeit und Nicht-Aktivität und zwischen agilen, lebensbejahenden und aktiven Menschen in den besten Jahren. Die Werbetreibenden negieren sowohl die verjüngte Mentalität als auch die Kaufkraft der Senioren, obwohl die gegenwärtige und auch zukünftige (vgl. Kapitel 3.9) ältere Generation über ein größeres Einkommen als die jüngere Generation verfügt (vgl. Die Wirtschaft, 2002). Den Konsum steigern die Senioren stärker als die bevorzugte junge Zielgruppe: Ältere kaufen bereits 80% der Autos der gehobenen Preisklasse und die Hälfte aller verkauften Kosmetika (vgl. Die Wirtschaft, 2002). Die Generation 50+ hat einen überdurchschnittlichen Lebensstandard und verfügt über ein größeres Vermögen als die unter 50-Jährigen (vgl. Abbildung 3.6).

---

168 Worthington, T., Sachverständiger im Prozess Maguire vs. SOCOG http://www.tomw.net.au/2001/bat2001.html#case

169 Auch „50-plus-Generation", „Generation 50 Plus" oder „Generation+" genannt (oder auch mit über 60 Jahre).

170 „Even today, nearly 95% of the media plans drawn up by advertisers and agencies are aimed at the sacrosanct under 50s buyers because, as everyone knows, after 50 one no longer consumes or spends, perhaps because one is dead?" (Tréguer, 2002, S. 1)

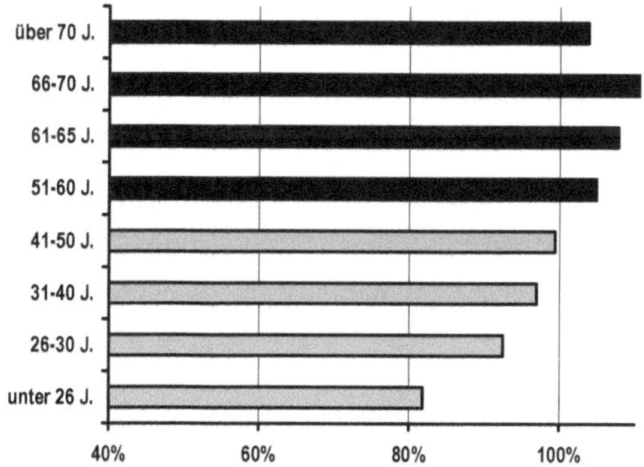

Abbildung 3.6: Verfügbares Einkommen nach Alter (Durchschnitt = 100)

Quelle: Senioragency und. Economist, 2002, S. 51

Langsam reagiert die Wirtschaft auch mit „Senior Models" in der Werbung auf diese Konsumentengruppe, verspätet und langsam werden die Dienstleistungen und Produkte dieser Zielgruppe angepasst.[171] Durch altersbedingte und degenerative Einschränkungen wie Sehbeeinträchtigungen oder Problemen mit der Feinmotorik (z.B. durch Arthritis), ist für Ältere der Zugang zum Internet eingeschränkt oder ganz unmöglich. Senioren machen infolgedessen ähnliche Erfahrungen im Web wie Menschen mit Behinderungen. Unzugängliche Webseiten erschweren den Senioren deren Handhabung und – wie eine Studie des Usability-Experten Jakob Nielsen ergeben hat – die Nutzung aktueller Webseiten ist für Senioren doppelt so schwer wie für Nicht-Senioren.[172]

Dennoch steigt das Interesse älterer Bevölkerungsgruppen am Internet stark an, v.a. da Bereiche wie E-Mail, Hauszustellungen und Online-Banking den speziellen Bedürfnissen entgegenkommen.[173] So genannte „Silver Surfer" müssen

171 „Bisher war für die Werbung hauptsächlich die Gruppe der 12- bis 49-Jährigen interessant. Von diesem Prinzip beginnt sich die Werbebranche in den USA [..] immer mehr zu verabschieden, berichtet das Wall Street Journal (WSJ)." Vgl. Pressetext 12.11.2002: US-Werber entdecken die Alten Microsoft und Sony launchen Kampagnen für 50plus-Generation http://www.pressetext.at/pte.mc?pte=021112054.

172 vgl. Jakob Nielsen's Alertbox, April 28. 2002: Usability for Senior Citizens http://www.useit.com/alertbox/20020428.htm.

173 So wie Senioren das Reisen für sich entdeckt haben, sehen sie die Möglichkeiten des Internets; insbesondere da ältere Menschen alleine oder entfernt von Verwandten leben oder gerade durch die Familie oder die Medien mit dem Internet konfrontiert werden, nutzen sie die gebotene Möglichkeit der Kommunikation und Information. Vermehrt werden auch spezielle Angebote

sich jedoch erst langsam an den Umgang mit dem Computer und dem Internet gewöhnen und die Hemmschwellen abbauen. Mit wachsender Benutzerfreundlichkeit und Barrierefreiheit wird bei den Senioren auch die Bereitschaft sich im Internet zu bewegen steigen.

Menschen mit Behinderungen und die ältere Generation sind wegen der bewussten und unbewussten Zugangsbarrieren im Web im Internet unterrepräsentiert.[174] Jüngste Studien legen dar, dass nur 20% der Generation 55+ und in etwa 30% der Menschen mit Behinderungen das Internet nutzen (vgl. Tabelle 3.1).

Tabelle 3.1: Struktur der Internetnutzer in EU-Raum

User	%
mit Behinderungen	**30**[175]
Alter gesamt	**53**
15–24	85
25–39	70
40–54	56
55+	20

Quelle: Europäische Kommission, 2002a, S. 24f und Lenhart 2003

Im Vergleich dazu sind über die Hälfte der EU-Bevölkerung (53%) Webuser. Allerdings gibt es hier große Abweichungen zwischen den Mitgliedstaaten: Griechenland hat die niedrigste Quote mit einer Nutzungsrate von nur 22%, während in Dänemark 80% der Bevölkerung das Internet nutzen. Es müssen daher verstärkt Barrieren abgebaut werden, damit Menschen mit erschwertem Internetzugang gleichberechtigten Zugang zum Internet bekommen.

für Senioren im Internet angeboten, über Kurse, eigene Websites wie z.B. www.seniorkom.at oder spezielle Produkte (vgl. Pressetext 24.9.2003: „'Das Internet ist reif!' – neue Produkte von Telekom Austria“ http://www.pressetext.at/pte.mc?pte=030924004).

174 Aus diesem Grund erstrecken sich bereits viele Projekte auf „handicapped and elderly people“ gemeinsam.

175 In den USA nutzen 38% der behinderten Amerikaner das Internet (vgl. Lenhart, 2003). In Europa kann daher von einer etwas geringeren Quote ausgegangen werden.

- User mit technischen Barrieren

Betroffen von Barrieren sind auch User mit alter Hardware, langsamen Internetverbindungen (geringe Bandbreiten[176]) oder unterschiedlichsten Benutzeragenten. Ebenso wie junge, fortschrittsliebende Entwickler sich oft kaum in die Lage alter oder behinderter Menschen versetzen können, haben sie meist auch kein Verständnis für User ohne zeitgemäßem „up to date" Equipment.
Doch nicht alle User verfügen über eine Standleitung[177], sondern greifen auf langsamere Internetverbindungen wie z.B. über Modem zurück. Dies ist vor allem in ländlichen Gebieten oft der Fall. Hier spielen kurze Ladezeiten, übersichtliche Seiten und das Vermeiden unnötiger Grafiken eine große Rolle.

Der Zugang zum Internet über die Telefonleitung ist nach wie vor die vorherrschende Art des Zugriffs in Europa. Breitbandige Zugänge gewinnen zwar an Bedeutung, doch wie Tabelle 3.2 zeigt, war die Mehrheit (69%) 2002 noch über Modem mit dem Internet verbunden.

Tabelle 3.2: Arten der Internetverbindungen (EU)

Anschlussart	%
Standard-Telefonleitung	69
ISDN	17
ADSL	13
Spezial Modem für TV-Kabel	9
mobile / wireless- Verbindung	5
andere	1
k.A.	4

Quelle: Europäische Kommission, 2002a, S. 10

Breitbandzugänge sind in Europa noch nicht so verbreitet wie etwa in den asiatischen Ländern oder den USA, die schon leistungsfähigeren Zugang zum Internet haben. 40% bis 80% der Haushalte haben hier bereits einen Breitband-Anschluss. Laut einer Studie der Unternehmensberatung Arthur D. Little liegen Länder wie Österreich oder Schweden bereits in der Gruppe mit 20% bis 40%

[176] Als Bandbreite bezeichnet man die Datenmenge, die sich innerhalb eines bestimmten Zeitraums übertragen lässt. Sie wird in Bit oder Millionen Bit pro Sekunde (bps oder Mbps) angegeben.

[177] Standleitungen sind permanente Verbindungen zum Internet, die durch höhere Bandbreiten höhere Übertragungsgeschwindigkeiten als bei Telefonleitungen (mit Modem) erreichen.

Breitbandanteil, jedoch haben Länder wie Deutschland und Großbritannien noch unter 20% Anteil an den schnelleren Technologien (vgl. Abbildung 3.7). Entsprechende nationale Studien ergeben jedoch einen noch wesentlich geringeren Breitbandanteil, beispielsweise in Österreich mit ca. 10%[178] oder in den USA mit 27% (vgl. Taylor, 2003). Die Europäische Union geht von einem Anteil von 6,1% der EU-Bevölkerung aus, die einen Breitbandanschluss nutzt.[179]

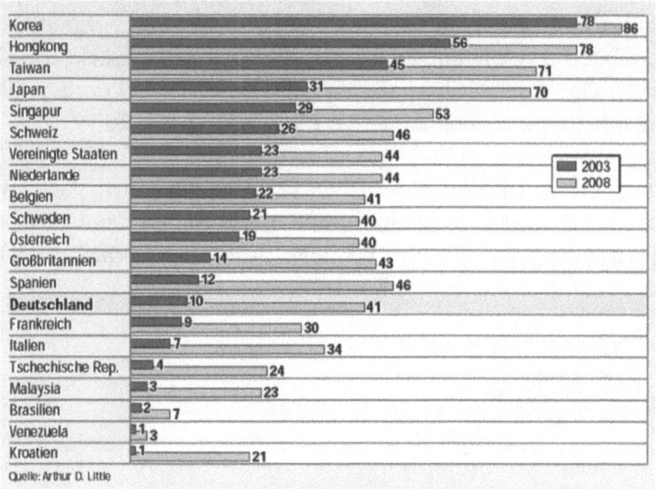

Abbildung 3.7: Anteil Haushalte mit Breitbandanschluss

Quelle: FAZ, 2003, S. 23

Somit verfügt die Mehrheit der Bevölkerung noch nicht über einen schnellen Breitband-Internetzugang, sondern wählt sich über langsame Telefonleitungen ins Web ein. Dies muss daher auch bei der Gestaltung der Website berücksichtigt werden, da durch langsamere Verbindungen User mit ähnlichen Barrieren konfrontiert werden wie Nutzer mit Behinderungen. Somit sind Nutzer mit schlechteren bzw. langsameren Verbindungen ebenfalls Nutznießer von Accessibility.

178 40% der Haushalte sind im Internet, davon 27% bzw. 36% über eine Breitbandverbindung (Statistik Austria, 2004, S. 23 und RTR, 2003, S. 51).

179 Pressemeldung der Europäischen Union vom 22.April 2004 http://europa.eu.int/ rapid/start/cgi/guesten.ksh?p_action.gettxt=gt&doc=IP/04/526|0|RAPID&lg=DE&display=.

Doch nicht nur die Verbindungsart, auch das eingesetzte Medium beginnt sich zu ändern. Vermehrt nützen User auch Mobiltelefone und Pocket-Computer oder PDA's für den Zugang zum Internet (vgl. Tabelle 3.3).

Tabelle 3.3: Endgeräte für Internetzugang (EU)

Endgerät	%
Computer: Desktop oder Laptop	98
Desktop Computer	92
Laptop Computer	15
digitales TV	3
Videospielkonsole	2
Mobiletelefon (GPRS, WAP)	6
Handheld (Pocket-) Computer	1
Andere	0
k.A.	1

Quelle: Europäische Kommission, 2002a, S. 18

User mit modernster Technologie, die unterwegs per Notebook[180], PDA oder Mobiltelefon auf das Internet zugreifen, werden mit ähnlichen Problemen konfrontiert wie behinderte Internetnutzer. Aufgrund schlechter Grafikauflösung, limitierter Datentransfervolumina oder hohen Übertragungskosten ist auch für diese Benutzergruppe ein barrierefreier Webauftritt vorteilhaft. Gerade diese junge und moderne Nutzergruppe, die großen Wert darauf legt, über die aktuellsten technologischen Mittel zu verfügen, wird von der Wirtschaft geschätzt. Doch wird diesen geänderten Anforderungen noch viel zu wenig Rechnung getragen.

Ebenfalls von Barrieren im Web betroffen sind Nutzer mit den unterschiedlichsten Browsern sowie Ein- und Ausgabegeräten. Jedes technische Gerät[181] und jede Software stellt eine Website anders dar; barrierefreies Design hilft wesentlich bei der Aufgabe, diese unterschiedlichen Anforderungen zu bewältigen.

So muss begonnen werden, das Web auf eine mehr multimodale und multidimensionale Weise zu sehen. Unternehmen und Webdesigner müssen sich

[180] Auch „Laptop" genannt.

[181] „Forward und Backward Compatibility" bezeichnet die Anpassungsfähigkeit für ältere und für zukünftige Technologien.

von der Vorstellung lösen, es gäbe *den* User – mit neuestem Equipment –. Jeder Internetnutzer hat die unterschiedlichsten Ansprüche und die lassen sich im Grundsatz der Barrierefreiheit vereinen.

Menschen mit Behinderungen, Senioren und auch alle anderen Internetnutzer suchen wie alle Konsumenten vermehrt die Unternehmen auf, wo sie sich akzeptiert und willkommen fühlen. „Accessible stores, products and services, [..] will help customers with disabilities feel that their business is appreciated.“ (Paciello, 2000, S. 12) Die meisten Unternehmen unterschätzen daher die durch das Internet und insbesondere durch diese Bevölkerungsgruppen möglichen Umsatzpotenziale, die sich entweder direkt (d.h. durch Internetverkäufe) oder indirekt (d.h. Kunden holen Informationen online ein, bevor sie auf konventionellem Weg im Geschäft kaufen) realisieren lassen. Gemäß einer Studie der Europäischen Kommission haben bereits 16% der europäischen Bevölkerung Artikel online gekauft[182], wiewohl die Mehrheit nach wie vor in herkömmlichen Geschäften einkauft (vgl. Europäische Kommission, 2004, S. 3). Aber vermehrt holen Kunden zuvor im Internet Informationen für die Kaufentscheidung ein, d.h. das Web wird vorab als Informationsquelle genutzt: Fast 30% der Nutzer informieren sich zuvor online (vgl. BMWI, 2003b, S. 7 und Kommers, 2002). Zu den Hauptgründen für das Online-Shopping gehören die Unabhängigkeit von Öffnungszeiten, der Komfort und die bessere Suchmöglichkeit ohne Zeitdruck.

Diese Studien zeigen, dass „Onliner“ als Zielgruppe ein wichtiger Erfolgsfaktor sind und die Webpräsenz einen wichtigen Einfluss auf Unternehmensumsätze hat. Um mit einem Webauftritt Erfolg zu haben, sollte man auf die Wünsche und Bedürfnisse der Kunden eingehen. Mit Barrierefreiheit können zufriedenere Kunden und somit höhere Umsätze erzielt werden. Diese Kunden sind es, die durch einen guten Internetauftritt gewonnen aber auch durch eine schlechte Webpräsenz verloren werden können.[183] Zieht man die zusätzlichen Entwicklungstendenzen für die Überlegung heran, gewinnt die Webpräsenz für ein Unternehmen noch stärker an Bedeutung und stellt somit ein großes Geschäftspotenzial dar.

Die Erweiterung des Anwenderkreises durch eine barrierefreie Website führt zu einem Anstieg der Kundenzahlen und des Umsatzes und ist dementsprechend

[182] Von den EU-Internetnutzern kaufen bereits 39% online ein, 23% davon regelmäßig; vgl. Europäische Kommission, 2002a, S. 50f.

[183] vgl. Web Accessibility Initiative 2002: 2. Increase Market Share and Audience Reach

auch den Kosten für diese Site gegenüberzustellen. Aber auch die zunehmenden bzw. reduzierten Umsätze, die aus den Image- und Rechtsfolgen resultieren (vgl. Kapitel 3.3 und 3.4), sind hierbei mit in die Überlegungen einzubeziehen.
Es kann also angenommen werden, dass der Umsatz einer barrierefreien Website sich gegenüber einer konventionellen Site mit einschränkenden Barrieren erhöht.

3.7 Ethische Motive

In der heutigen Arbeitswelt sind soziale und gesellschaftliche Verantwortung ein wesentlicher Faktor für Vertrauen und Ansehen. Ethische Motive und soziale Verantwortung sind für viele die wichtigsten Gründe, um das Internet für alle zugänglich zu machen. Es liegt in der Verantwortung der Unternehmen, der Manager und Webdesigner, inwiefern die Richtlinien für Barrierefreiheit berücksichtigt werden.

Wie wichtig ethische und soziale Motive für Kunden sein können, spiegelt sich auch in den neuesten Unternehmensphilosophien der Wirtschaft wider. Auf freiwilliger Basis werden gesellschaftlich verantwortliches Verhalten und soziales Engagement vermehrt in die Unternehmenspolitik einbezogen (vgl. Kapitel 3.3). Viele Unternehmen sind sich ihrer Verpflichtung für das Wohl der Gesellschaft bewusst und engagieren sich auch besonders für die Unterstützung von Menschen mit Behinderungen. Dies zeigt sich z.B. auch in der langen Liste der Förderer und Sponsoren der WAI. Das Internet hat für viele neue Möglichkeiten eröffnet, aber in besonderem Maße trifft dies auf Behinderte zu, die mit dem Internet eine vorher kaum erreichte Selbständigkeit erfahren:

> „For the first time in six years I've been able to complete my food shopping without sighted assistance. That felt brilliant."[184]

Durch barrierefreie Webauftritte und der Anerkennung spezieller Bedürfnisse, vor allem von Menschen mit Behinderungen, können Unternehmen ihre Akzeptanz und Wertschätzung als verlässlicher gesellschaftlicher Partner erhöhen. Unternehmen mit humanitären Vorstellungen oder auch „christlichen" Einstellungen wollen aus uneigennützigen Beweggründen die Lebensqualität von

[184] Ein blinder Internetnutzer in: RNIB „Accessible information The ethical case" http://rnib.org.uk/xpedio/groups/public/documents/publicwebsite/public_ethicalcase.hcsp#TopOfPage

Menschen mit Beeinträchtigungen verbessern und ihnen den gleichen Zugang zu Informationen wie anderen Kunden bieten.

Wie die Antwort Kynn Bartlett's (Accessibility-Autor und Consultant; vgl. Fußnote 139) und auch Joe Clark's (Accessibility-Autor; vgl. Clark, 2002) auf die Frage nach Argumenten für Barrierefreiheit herausstreicht, ist Ethik eine zentrale Triebfeder, um die Bedürfnisse von Menschen mit Behinderung zu berücksichtigen:

> „I think for most people it really is an ethical decision [..] and then a legal decision after that. Numbers and facts and figures can be used to justify the decision, but in truth we actually will get farther if we say something like this:
> The web has the potential to be a very enabling mechanism for people with disabilities to communicate, to receive services and information, and to participate in society as equals with everyone else. We have a choice as to whether we want to help web live up to that potential for ALL members of our new digital society, or if we want to exclude certain audiences simply because we're ignorant. [..] All the benefits, all the stats, all the "good arguments" basically boil down to whether or not people will do the right thing, making a specific ethical choice to consider people with disabilities as being as important to the web as people without. If someone makes the choice that their users with disabilities are NOT as important as the users without, then the battle's basically over."[185]

Die Richtigkeit dieser Aussage belegt eine Studie von Icomedias, bei der fast 80% der Entscheidungsträger ethische Gründe als Motiv nennen, die Bedürfnisse behinderter User zu berücksichtigen (Icomedias, 2003, S. 16). Erst in zweiter Linie werden finanzielle oder persönliche Gründe genannt (25%) und danach erst das Bemühen den gesetzlichen Auflagen zu entsprechen (11%).

Somit ist die ethische Veranlassung einer der stärksten Gründe für eine zugängliche Website. Diese Motivation bestimmt die Bereitschaft die damit auftretenden Kosten zu übernehmen, oder ob trotz anderer Argumente auf diese Kundengruppe nicht eingegangen wird und deren Bedürfnisse ignoriert werden.

[185] Bartlett, Kynn: „Re: Disability statistics" (4. Nov. 2001 10:02:31) http://lists.w3.org/Archives/Public/w3c-wai-ig/2001OctDec/0468.html

Somit kann die soziale und ethische Einstellung eines Unternehmens über die Entscheidung für oder gegen eine barrierefreien Webpräsenz entscheiden.

Der Standpunkt der Ethik kann somit die Zusatzkosten für Accessibility relativieren oder überwiegen und daher auch den wirtschaftlichen Ausschlag für eine zugängliche Site geben.

3.8 Übersicht der Faktoren

Die in den vorherigen Kapiteln erläuterten Faktoren ergeben zusammen die Motive für oder gegen die Einführung einer barrierefreien Webpräsenz. Wenn ein Unternehmen vor einer solchen Entscheidung steht, müssen all diese Überlegungen berücksichtigt werden. Die anfänglichen Mehrkosten werden durch spätere Kostenersparnisse (wie Rechtskosten) und auch Einnahmen (wie zusätzliche Umsatzpotenziale) wieder kompensiert.[186] Gerade daher ist die Berücksichtigung aller Einflussfaktoren wichtig, da ansonsten leichtfertig gegen eine barrierefreie Website entschieden wird, ohne sich der Konsequenzen bewusst zu sein.

Der Gewinn ist sicherlich letztendlich die maßgebliche Messgröße des Erfolges einer Website. Die modifizierte Betrachtungsweise des Gewinnes, einschließlich der Entscheidungsfaktoren, repräsentiert schließlich die Rentabilität der Barrierefreiheit.

Bei einer Entscheidung *für* oder *gegen* Accessibility für Websites sind somit die positiven und negativen Faktoren Image und Rechtshaftung zu berücksichtigen. Bei einer barrierefreien Webpräsenz müssen ebenso sowohl die auftretenden Kosteneinsparungen als auch die Zunahme der Nutzer und damit zusammenhängende Umsatzsteigerungen einbezogen werden. Ethische Motive als Beweggrund für die Umsetzung der Richtlinien für Barrierefreiheit haben ebenfalls einen ausschlaggebenden Einfluss und fließen in die Überlegungen mit ein. Eine barrierefreie Webpräsenz hat einen eindeutig positiven Einfluss auf das Unternehmen und kann Umsätze und in weiterer Folge den Gewinn – im Vergleich zu einer unzugänglichen Site – erhöhen.

---

[186] Als Hilfestellung stellt die WAI Tabellen zur Verfügung, die die Interaktion der Richtlinien für Barrierefreiheit mit den dargelegten „Benefits“ darlegen (vgl. WAI EOWG, 2002).

3.9 Zukünftige Entwicklungen

Da der graduelle Einfluss der genannten Faktoren nicht statisch ist, muss die Entwicklung im Zeitablauf ebenfalls analysiert werden. Zurzeit entstehen bei einer barrierefreien Website noch Mehrkosten im Vergleich zu einem nicht mit den Richtlinien konformen Standard-Auftritt. Wie in Kapitel 3.5 dargestellt, können durch Standard Markup Language, Content Management Systemen und Style Sheets die Kosten für die Erstellung und Wartung einer Website gesenkt werden. Diese Kostenreduktion ist für Firmen bereits jetzt ein Anreiz, diese Techniken einzusetzen und besonders auch in der Zukunft werden diese Methoden vermehrt eingesetzt werden. Da diese Maßnahmen aber auch als Nebeneffekt die Barrierefreiheit einer Internetpräsenz unterstützen, fördern sie die Verbreitung zugänglicher Websites. Dies wird mittelfristig die Kostenschere zwischen konventionellen und barrierefreien Internetauftritten ausgleichen. Somit sollte in Zukunft bei diesem Thema kaum mehr die Kostenfrage gestellt werden und den Unternehmen die Entscheidung für Accessibility leichter fallen.

Die gesetzlichen Vorschriften in Bezug auf Barrierefreiheit sind – bis auf einige Ausnahmen wie dem ADA in den USA – erst in den letzten Jahren entstanden (siehe Kapitel 3.4), oder müssen von den nationalen Behörden erst erlassen werden. Viele der Vorgaben müssen erst umgesetzt und entsprechende Richtlinien geschaffen werden. In den nächsten Jahren ist infolgedessen mit weiteren und auch strengeren Gesetzen und Verordnungen für barrierefreie Webauftritte zu rechnen. Als Folge werden voraussichtlich Klagen und Prozesse öfter eintreten und auch die damit verbundenen Kosten in Form der Strafhöhe werden steigen. Nach Ablauf der gesetzlichen Übergangsfristen und der Adaptierung neuer Webtechnologien und Methoden werden die Kriterien der Barrierefreiheit zum Standardrepertoire der Webdesigner und -entwickler gehören und werden nicht mehr explizit vom Kunden angefordert müssen.

Da das Bewusstsein hinsichtlich der Barrierefreiheit zurzeit in Europa noch nicht so ausgeprägt ist wie in den USA oder Australien, hat die Beachtung oder Missachtung der Thematik kaum oder nur am Rande Auswirkungen. Doch der Imageverlust und Imagegewinn wird in Zukunft in dem Maß zunehmen, wie das Bewusstsein für die Barrieren und deren Auswirkungen für verschiedene Bevölkerungsschichten zunimmt.

Wie bereits in den letzten Jahrzehnten wird die demographische Entwicklung von sinkenden Geburtsraten und steigender Lebenserwartung geprägt sein. Die am schnellsten wachsende Bevölkerungsgruppe sind Senioren über 50. In Europa sind bereits 20% der Bevölkerung über 60 Jahre (vgl. Kapitel 3.6). Berechnungen für das Jahr 2050 prognostizieren einen Anstieg der über 60-Jährigen auf über 37% der europäischen Bevölkerung (vgl. United Nations, 2002). Die Entwicklung der Bevölkerung in Österreich kann hier als repräsentatives Beispiel genannt werden (Abbildung 3.8).

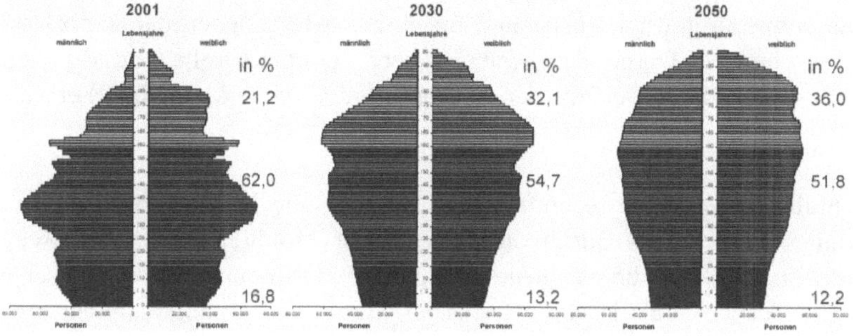

Abbildung 3.8: Bevölkerungspyramiden 2001, 2030 und 2050 (Ö)

Quelle: Statistik Austria: Bevölkerung Österreichs im 21. Jahrhundert (2003)

Die Abbildung 3.8 sowie die Abbildung 3.9 für die EU 25 zeigen deutlich die Verschiebung bzw. Veränderung der Altersstruktur der Bevölkerung.

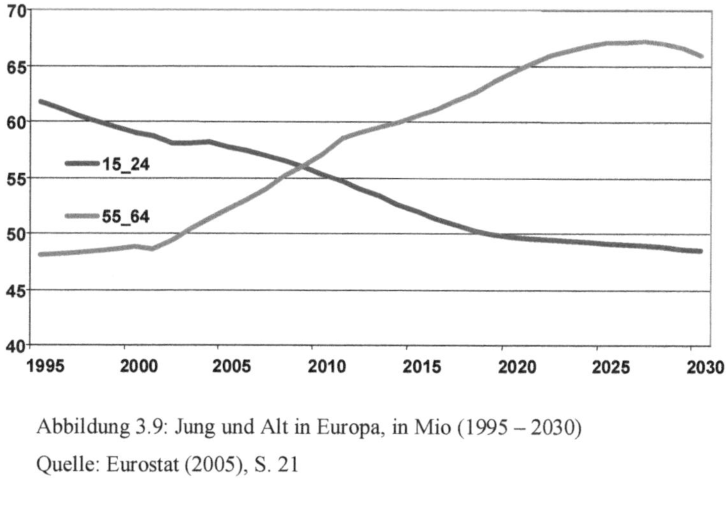

Abbildung 3.9: Jung und Alt in Europa, in Mio (1995 – 2030)

Quelle: Eurostat (2005), S. 21

Das stärkste Bevölkerungssegment wird sich von den 35- bis 40-Jährigen zu den über 60-Jährigen verschieben. Diese Änderung der Population hat Auswirkungen auf jeden Bereich, besonders auf die Wirtschaft, die sich vermehrt an den speziellen Bedürfnissen Älterer orientieren muss. Demzufolge werden oder müssen in Zukunft Webauftritte zunehmend barrierefrei geplant und umgesetzt werden. Hierbei ist auch zu berücksichtigen, dass zukünftig die Generation 50+ bereits den Umgang mit dem PC und dem Internet gewohnt sein wird, da sie bereits damit aufgewachsen ist und im aktiven Berufsleben damit professionell umgehen musste. Durch den Abbau dieser Hemmschwelle und die Senkung technologischer Barrieren werden Senioren auch verstärkt im Internet vertreten sein.

Gleichfalls schreitet die technologische Entwicklung kontinuierlich weiter. War vor einigen Jahren das Surfen im Internet mit Mobiltelefonen oder „wireless" unvorstellbar, gibt es bereits neue Trends und Bestrebungen. Eine dieser neuen Zukunfts-Technologien ist das Internet im Auto[187] (so genannte „in-car browsing or navigation systems") und es kommen immer weitere Möglichkeiten hinzu. Barrierefreie Webauftritte berücksichtigen diese vielfältigen Medien und sollten in dieser Hinsicht zukünftig vermehrt angeboten werden.

Viele der Argumente für die Einführung barrierefreier Webpräsenzen werden sich folglich in den nächsten Jahren verstärken und die Entscheidung für eine entsprechende barrierefreie Gestaltung von Websites somit unterstützen.

[187] Vgl. Interview mit Produktmanager von BMW: http://www.heise.de/mobil/artikel/2002/03/05/bmw_7er/.

4 SZENARIEN-BASIERTE KOSTEN/NUTZENKALKULATION

Im Folgenden werden vorerst die für die Gestaltung einer barrierefreien Website anfallenden Zusatzkosten abgeschätzt. Hierbei werden ausschließlich die Kosten betrachtet. In einem zweiten Schritt werden die Vorteile unter Berücksichtigung erweiterter Publikums-Reichweiten eines solchen barrierefreien Webauftrittes mit den Kosten in Zusammenhang gebracht. Aufgrund der hohen Abhängigkeit von den Gegebenheiten des einzelnen Geschäftsfalles werden Image- und rechtliche Faktoren hierbei ausgespart, da fallspezifische Untersuchungen und Risikoanalysen für genauere Aussagen über die involvierten Kosten erfolgen müssten.

Die Intention dieses Buches und der vorliegenden Analyse ist es, das Vorurteil aufzuheben, dass barrierefreie Websites zu teuer sind. Ziel ist es, Unternehmen den Einstieg in das Thema zu erleichtern und die Konzeption näher zu bringen, die ansonsten das Thema „accessible Websites" nicht weiter erwägen oder weiter berücksichtigen würden.

4.1 Kostenanalyse

4.1.1 Unternehmensgrößen

Für die Maßgeblichkeit der Analyse für alle potenziellen Branchen bilden verschiedene Geschäftsszenarien das Rahmenwerk für entsprechende Richtwerte der Kosten. Als Grundlage für die Einteilung in unterschiedliche Unternehmensgrößen dient die KMU-Definition[188] der Europäischen Kommission. Diese unterscheidet anhand der Kriterien Mitarbeiterzahl, Umsatz oder Bilanzsumme zwischen mittelgroßen, kleinen und Mikrounternehmen und definiert somit auch indirekt Großunternehmen (siehe Tabelle 4.1)

[188] Klein- und Mittelbetriebe, vgl. auch Definition in Kapitel 1.1.

Tabelle 4.1: Klassen von Unternehmen nach den Schwellenwerten für KMU

Unternehmenskategorie	Mitarbeiter	Umsatz	Bilanzsumme
groß und sehr groß	≥ 250	–	–
mittel	< 250	≤ € 50 Mio.	≤ € 43 Mio.
klein	< 50	≤ € 10 Mio.	≤ € 10 Mio.
mikro	< 10	≤ € 2 Mio.	≤ € 2 Mio.

Quelle: Europäische Kommission, 2003, S. 4

Insbesondere KMU's haben einen hohen sozialen und wirtschaftlichen Stellenwert, da sie mehr als 99% aller Unternehmen in der EU umfassen (Abbildung 4.1). Nach Untersuchungen der Europäischen Kommission produzieren sie ca. 60% der Wertschöpfung, erwirtschaften 45% des Umsatzes und beschäftigen zwei Drittel der Bevölkerung (Schmiemann, 2002, S. 2).

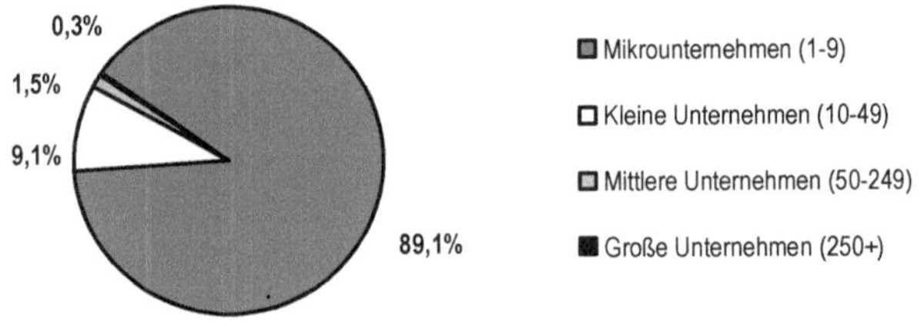

Abbildung 4.1: EU-Unternehmen nach Unternehmensgrößen (%)

Quelle: Schmiemann, 2002, S. 2

Um die Unternehmensgrößen realistischer zu kategorisieren, wurde hier eine fünfte Gruppe mit „sehr großen" Unternehmen eingeführt. Diese fünf Geschäftsszenarien dienen als Grundlage für den Vergleich der Anschaffungskosten einer Website. Das Kriterium für die Bildung der fünf Unternehmenskategorien *mikro*, *klein*, *mittel*, *groß* und *sehr groß* ist der durchschnittliche Jahresumsatz von € 0,2, € 3, € 25, € 100 bzw. € 400 Mio. (Europäische Kommission, 2002b, S. 11).

4.1.2 Mehrkosten für Barrierefreiheit

Für die Berechnung der anfallenden Kosten wurde angenommen, dass die Barrierefreiheit bereits in der Erstellungsphase der Website berücksichtigt wird und somit die Kosten einer gänzlich neuen Webpräsenz denen eines kompletten

Relaunchs entsprechen. Die Änderung eines bestehenden Auftrittes führt zu höheren Zusatzkosten. Diese Mehrkosten hängen von einer Vielzahl von Faktoren ab, wie die Größe und Komplexität der bestehenden Site und ebenfalls von der ursprünglichen Gestaltung und Programmierung (vgl. Kapitel 3.2). Die entstehenden zusätzlichen Kosten bei der erstmaligen Gestaltung barrierefreier Webpräsenzen werden daher den Kosten für eine Website gegenübergestellt, die Accessibility ignoriert. Wie bereits in Kapitel 3.2 ausgeführt, gibt es aufgrund des relativ neuen Themas keine Studien über die tatsächlichen Zusatzkosten für die Umsetzung barrierefreier Standards bei der Erstellung von Internetauftritten. Experten haben daher auseinander gehende Meinungen über diese anfallenden Mehrkosten und Schätzungen reichen von vernachlässigbar geringen Kosten bis zu einem 25% Zuschlag im Vergleich zu einem unzugänglichen Webauftritt.

Als Basis für die Analyse dienen die in Kapitel 3.2 genannten Website-Kosten (vgl. Abbildung 3.1). Die Kosten einer Standard-Website hängen von der Unternehmensgröße ab, als Richtwerte werden hier die durchschnittlichen Kosten von jeweils € 2.500,-, € 10.000,-, € 20.000,-, € 40.000,- bzw. € 150.000,- für die Unternehmensgrößen mikro, klein, mittel, groß bzw. sehr groß angenommen.

Der Komplexitätsgrad der Website hat Einfluss auf die Höhe der Entwicklungskosten und beeinflusst daher auch indirekt die Mehrkosten für Accessibility. So ist die Erstellung einer Website mit Online-Shopping und Bezahlmöglichkeit komplexer als eine einfache, statische Homepage. Für die Kalkulation der entsprechenden absoluten Gesamtkosten wird infolgedessen zwischen drei Szenarien *einfache*, *Standard* und *komplexe Implementierung* unterschieden. Diese Szenarien entsprechen einem zusätzlichen Kostenaufwand von jeweils 2%, 10% bzw. 25%.

4.1.3 Gesamtkosten für Barrierefreiheit

Um das gesamte Spektrum der Unternehmensgrößen und der unterschiedlichen Komplexitätsgrade von Internetpräsenzen zu umfassen, mussten verschiedene vereinfachende Annahmen getroffen werden:

- durchschnittlicher Umsatz pro Unternehmenskategorie
- durchschnittliche Website-Kosten pro Unternehmenskategorie
- ausgewählte stellvertretende Kennziffern für den nötigen Aufwand der Accessibility-Implementierung.

Insofern stellen die Ergebnisse nur ungefähre und grobe Schätzwerte dar. Tabelle 4.2 zeigt die geschätzten abgeleiteten absoluten Gesamtkosten für barrierefreie Webpräsenzen für jede Unternehmensgröße als auch die relativen Gesamtkosten in Abhängigkeit vom Umsatz.

Tabelle 4.2: Absolute und relative Gesamtkosten für Barrierefreiheit (€)

Unternehmens-größe	einfache Implementierung		Standard Implementierung		komplexe Implementierung	
	abs.	rel.	abs.	rel.	abs.	rel.
mikro	2.550	1,28%	2.750	1,38%	3.125	1,56%
klein	10.200	0,34%	11.000	0,37%	12.500	0,42%
mittel	20.400	0,08%	22.000	0,09%	25.000	0,10%
groß	40.800	0,04%	44.000	0,04%	50.000	0,05%
sehr groß	153.000	0,04%	165.000	0,04%	187.500	0,05%

Tabelle 4.2 legt dar, dass die nötigen Investitionskosten in Relation zu den entsprechenden Umsätzen gering sind. Im Allgemeinen sind weniger als 0,5% des durchschnittlichen Umsatzes aufzuwenden, mit Ausnahme von Mikrounternehmen, die aufgrund des relativ niedrigeren Umsatzes 1,56% ausgeben. Abbildung 4.2 zeigt deutlich die abnehmenden relativen Kosten mit zunehmender Unternehmensgröße. Demzufolge sind Webauftritte für kleine Unternehmen in Relation teurer als für größere Unternehmen.

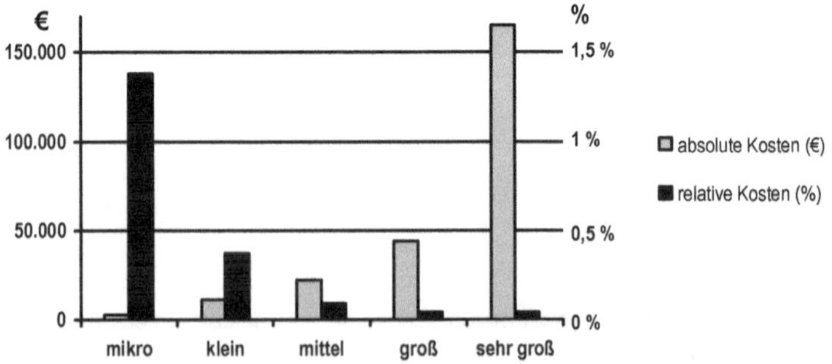

Abbildung 4.2: Durchschnittliche Kosten für Barrierefreiheit

(für den Fall einer Standard-Implementierung)

Während die relativen Gesamtkosten von 0,04% des Umsatzes für ein großes Unternehmen bis 1,56% für ein Mikrounternehmen reichen, sind die mit

Accessibility assoziierten Kosten sehr gering und variieren von 0,3% bis 0,001% des Umsatzes. Diese Analyse zeigt, dass die Kosten einer zugänglichen Website geringer sind als gemeinhin angenommen.

Tabelle 4.2 kann als einführender Leitfaden für Entscheidungsträger genutzt werden, die ihren ersten Webauftritt planen oder auch den Relaunch ihrer bestehenden Site. Im konkreten Anwendungsfall muss im nächsten Schritt eine detailliertere Kostenanalyse durchgeführt werden, die auf tatsächlichen Kostengrößen basiert. Erst dann kann eine solide Managemententscheidung mit Hilfe dieses Berechnungsrahmens getroffen werden (vgl. Heerdt und Strauss, 2004, S. 323f).

Die Analyse zeigt die Verhältnismäßigkeit der Kosten auf und wirkt somit dem Vorurteil, Accessibility sei mit zu hohen Kosten verbunden, entgegen. Durch das vorliegende Rahmenwerk wird diese erste Hürde für barrierefreies Design entkräftet und erleichtert somit den Entscheidungsträgern barrierefreie Webauftritte umzusetzen.

4.2 Kosten/Nutzenkalkül

Für eine Kennzahl, die tatsächlich neben den Kosten auch die Nutzen der Barrierefreiheit kombiniert, werden an dieser Stelle die Kosten pro Reichweiten-Prozentpunkt berechnet. Die Reichweite ist eine übliche Messgröße, die im Marketing verwendet wird und den prozentualen Anteil der durch ein bestimmtes Medium (z.B. Internet, Printmedien, Fernsehen) erreichten Personen bezeichnet.
Durch die Verknüpfung der in Kapitel 4.1 aufgestellten Kosten für Barrierefreiheit mit bekannten Reichweiten von Webauftritten kann man die Kosten für einen Prozentpunkt der Reichweite (Kosten pro Reichweiten-Punkt) ermitteln. Es wurden exemplarisch die Daten einiger österreichischer Unternehmen analysiert, deren Reichweiten im „Austrian Internet Radar“ (AIR)[189] veröffentlicht sind. Dabei bedeutet z.B. eine Reichweite von 35% einer Website, dass 35% der regelmäßigen Internetuser in den letzten vier Wochen zumindest einmal diese Website besucht haben. Diese prozentuelle Angabe wird zumeist

[189] vgl. ORF-Medienforschung Austrian Internet Radar (AIR) – 2. Welle 2003

auch durch die Angabe der „Unique Visitors“ oder „Visits“ ergänzt, die angibt, wie viele einzelne Personen die Site besucht haben.[190]

Die Unternehmen der AIR-Reichweitenstudie wurden entsprechend ihrer Größe den Unternehmenskategorien „mikro“ bis „sehr groß“ zugeordnet. Diese Kennzahl der durchschnittlichen Kosten pro Reichweiten-Punkt verbindet die Anzahl der erreichten Personen durch diese Website mit den Investitionen für diesen Webauftritt. In der Analyse wurden die Kosten um die im Kapitel 4.1 genannten Zuschläge für Barrierefreiheit korrigiert, also Mehrkosten von 2%, 10% und 25% angenommen.

Die Erhöhung der Reichweiten entspricht dem potenziellen Nutzerzuwachs. Die Berechnung dieser Faktoren geht von den Statistiken und Zahlen in Kapitel 3.6 aus, die einen 15%igen Anteil behinderter Menschen und 20%igen Anteil von Senioren in der europäischen Bevölkerung belegen. Den gemeinsamen Anteil dieser beiden relevanten Gruppen an der Bevölkerung weist eine integrierte Studie mit einem Prozentsatz von 25% aus (vgl. Sandhu, 1995), wobei Überschneidungen berücksichtigt wurden, d.h. der Anteil der Senioren mit Behinderungen wurde einkalkuliert. Somit liegt der Anteil der Bevölkerung, der durch eine Einschränkung mit Schwierigkeiten im Internet konfrontiert wird, bei einem Viertel der EU-Einwohner. Bei diesen 25% der EU-Einwohner, die in ihrem Internetzugang eingeschränkt sind, sind jedoch die sonstigen von Barrieren betroffenen Internetuser (vgl. Kapitel 3.6) noch nicht einbezogen. Für eine detailliertere Betrachtungsweise könnten diese ebenfalls berücksichtigt werden.

Somit weisen 10% bis 25% der Bevölkerung Einschränkungen auf (vgl. Kapitel 1.3.2 und 3.6), wobei von diesen Teilen der Bevölkerung nur etwa ein Drittel im Internet vertreten ist. Dies belegen die Zahlen in Kapitel 3.6 mit 20% der im Internet aktiven Senioren (vgl. Europäische Kommission, 2002a, S. 24) und 38% der Menschen mit Behinderungen im Internet (vgl. Lenhart, 2003).

Für den potenziellen Anstieg der Nutzer einer barrierefreien Website können so verschiedene Szenarien formuliert werden. Drei mögliche Wachstums-Szenarien wurden hier gewählt, mit einem prognostizierten möglichen Anstieg von 7%, 12% bzw. 18% der Reichweite für den geringen, mittleren bzw. starken Zuwachs an Usern.

---

190 Hierbei stellen die „PageImpressions“ die Anzahl der Sichtkontakte eines Nutzers mit einer Seite eines Online-Angebotes dar, wobei die „Usetime“ die durchschnittliche Dauer eines „Visits“ angibt.

Da Webauftritte meist einige Jahre in Verwendung bleiben, wurden die Kosten auf jährlicher Basis berechnet. Als durchschnittliche Nutzungsdauer wurde hierbei drei Jahre angesetzt und der Einfachheit halber eine proportionale Aufteilung der Kosten auf die Nutzungsdauer der Webpräsenz angenommen. Durch die leichtere Wartungs- und Adaptionsmöglichkeit, aufgrund des flexiblen und „Lean Designs" (vgl. Kapitel 3.5) wird ferner eine um ein Drittel verlängerte Nutzungsdauer von ca. 30% in die Berechnungen miteinbezogen. Daher wird von einer Nutzungsdauer von 3 Jahren für eine konventionelle und von 4 Jahren für eine barrierefreie Website ausgegangen.

Tabelle 4.3 präsentiert als Beispiel einen der neun durch die Kombination der Reichweiten- und Kostenszenarien möglichen Fälle. Die Kosten wurden mit einer mittleren Steigerung der Nutzerzahlen, d.h. mit einem Anstieg von 12% und einem 10%igen Zuwachs der Website-Kosten, d.h. mit einer Standard-Implementierung berechnet. Die Tabelle zeigt die absoluten Kosten pro Reichweitenprozentpunkt, im Falle sowohl einer barrierefreien als auch unzugänglichen Webpräsenz sowie die daraus entstehende geschätzte Ersparnis pro Reichweiten-Prozentpunkt pro Jahr der Nutzungsdauer für die fünf Unternehmenskategorien.

Tabelle 4.3: Jährliche Ersparnis pro Reichweitenprozent (€)

Unternehmens-größe	Kosten* pro Reichweiten-% (NA)	Kosten* pro Reichweiten-% (A)	Ersparnis* pro Reichweiten-%
mikro	25,-	20,-	5,-
klein	150,-	100,-	50,-
mittel	500,-	350,-	150,-
groß	800,-	600,-	200,-
sehr groß	1.400,-	1.000,-	400,-

(NA=nicht-accessible, A=accessible, * pro Jahr der Nutzungsdauer)

(für den Fall einer Standard-Implementierung und mittlerer Reichweiten-Erhöhung)

Zur besseren Einschätzung der hier zugrunde gelegten Kosten kann hier ein ungefährer Vergleich zu den Reichweitenkosten von Printmedien gezogen werden. Die Reichweiten der Printmedien werden im Gegensatz zu denen für Webpräsenzen, bereits von jeder Zeitung oder Magazin veröffentlicht. Somit können die klassischen Werbekosten für einen Prozent der Reichweite berechnet werden; dies ist auch eine etablierte Methode zur Preisberechnung von Werbeanzeigen.

Tabelle 4.4: Kosten pro Reichweitenprozent (€)

Medium	Reichweiten-Kosten
Website* (A)	1.000,-
Website* (NA)	1.400,-
Zeitungen	1.480,-
Magazine	1.543,-

(A=accessible, NA=nicht-accessible, * pro Jahr der Nutzungsdauer)
(für den Fall einer Standard-Implementierung und mittlerer Reichweiten-Erhöhung)

Eine farbige Anzeige, d.h. eine einzige Einschaltung in der Größe einer Viertelseite, kostet pro Prozent der Reichweite durchschnittlich € 1.480,- für Tageszeitungen und € 1.543,- für Magazine und Journale (vgl. Tabelle 4.4).[191] Hierbei wird deutlich, dass eine Website durchaus mit den Kosten einer Werbekampagne in Printmedien verglichen werden kann. Dies macht deutlich, dass ein Webauftritt ein kostengünstiges Medium ist, um sein Zielpublikum und seine Kundschaft zu erreichen und zu vergrößern.

Die erzielte absolute Einsparung pro Reichweitenprozent ist dennoch wenig aussagekräftig. Die relative Kostenersparnis zwischen den barrierefreien und unzugänglichen Webauftritten mit Berücksichtigung der bei der barrierefreien Version entstehenden Mehrkosten – aber auch des User-Anstieges – ist daher eine allgemein gültige Kennzahl. Tabelle 4.5 zeigt das relative Einsparungspotenzial pro Reichweite für die neun möglichen Szenarien.

Tabelle 4.5: Relative Ersparnis für barrierefreie Webpräsenzen

Reichweiten-Erhöhung	einfache Implementierung	Standard Implementierung	komplexe Implementierung
gering	29%	23%	12%
mittel	32%	26%	16%
stark	35%	30%	21%

[191] Die Reichweiten wurden anhand der publizierten Reichweiten der österreichischen Media-Analyse (vgl. ORF-Medienforschung, 2003) berechnet.

Die beschriebenen Annahmen über die Zunahme der Reichweite, den Mehrkosten der Website-Kosten, die verlängerte Nutzungsdauer barrierefreier Internetpräsenzen und den Unternehmens-Charakteristika führen in Summe zu möglichen Ersparnissen einer barrierefreien Website. Dabei reichen die Einsparungen von 12% bis 35% der Website-Kosten pro Reichweitenprozent. Diese allgemeinen relativen Schätzwerte sind unabhängig von den einzelnen Unternehmensgrößen oder von Branchen. Die höheren Kosten für eine barrierefreie Webpräsenz werden somit durch die Vorteile des effizienteren Webdesigns und der durch die Barrierefreiheit möglichen zusätzlichen Nutzer kompensiert, es wird sogar eine Reduktion der Kosten erreicht.

Tabelle 4.5 und der zugrunde liegende Ansatz mit den bereitgestellten Informationen und Statistiken dient als Unterstützung für Entscheidungsträger in Unternehmen um das Für und Wider zugänglicher Webpräsenz besser abwägen zu können. Vor einer derartigen Entscheidung stehende Manager können hiermit einen ersten umfassenden Einblick in diese Thematik gewinnen. Dies ist insbesondere von Bedeutung, da eine jüngste Studie fehlendes Wissen und Information in diesem Bereich belegt: 75% der Manager führen als Begründung für das Fehlen einer barrierefreien Website „zu wenig Kenntnis“ an (vgl. Icomedias, 2003, S. 13). Diese fehlenden und nötigen Informationen über Barrierefreiheit werden durch diese Arbeit größtenteils bereitgestellt.

Darüber hinaus sehen 12,5% der Entscheidungsträger zu wenig Nutznießer, 13,1% hohen technischen Aufwand und 30% begründen den unzugänglichen Internetauftritt mit Kostengründen. Die vorangehenden Darlegungen und Berechnungen widersprechen diesen falschen Vorstellungen. Die Untersuchung macht deutlich, dass die Kosten einer Website bei weitem niedriger angesetzt werden können als gemeinhin angenommen und bekräftigt, dass die Kosten einer barrierefreien Website durch die Vorteile der zukünftigen Wachstumsraten der Nutzergruppen ausgeglichen werden können und sogar mit Kostenersparnissen zu rechnen ist. Daher ist eine Webpräsenz für Unternehmen eine günstige und effektive Möglichkeit ihren Kundenkreis zu erweitern und darüber hinaus die entstehenden und laufenden Kosten zu senken.

5 RESÜMEE UND AUSBLICK

Barrierefreie Webpräsenzen sind für *alle* Internetnutzer zugänglich, in dem Sinne, dass die Internetseiten gelesen und interpretiert werden können, unabhängig davon, mit welchen Einschränkungen der User konfrontiert ist. Betroffen von dieser Thematik sind Benutzergruppen, die nicht in der üblichen Weise die Informationen am Monitor lesen oder die Navigation mit der Maus steuern können. Dazu gehören Menschen mit verschiedenartigsten Behinderungen und Senioren, aber auch solche, die über ältere Hardware oder nur langsamen Internetzugang verfügen und daher multimediale Effekte nicht oder nur schlecht wahrnehmen können. Die Zugänglichkeit von Webauftritten ist gerade für Menschen mit Behinderungen von Bedeutung, da ihnen das Informationsangebot des Internets ein höheres Maß an Selbständigkeit gibt. Aber auch allen anderen Usern kommen barrierefreie Websites zugute und erleichtern oder ermöglichen überhaupt erst den Zugang. Dies macht auch das britische Institut für Blinde (RNIB) deutlich:

> „If information is worth publishing on the web, it is worth ensuring that everyone can access it. [..] The way that websites are designed and built may be closing some of the doors that they should be opening."[192]

Für Unternehmen ist Barrierefreiheit im Internet auch aus finanziellen, moralischen und rechtlichen Gründen zu einem Thema mit steigender Bedeutung geworden. Diese Arbeit spricht daher die wichtigsten Gesichtspunkte der AccessibilityThematik an und behandelt die verschiedenen betriebswirtschaftlichen Aspekte, die aus der Berücksichtigung oder Missachtung der Richtlinien für barrierefreies Design bei der Entwicklung einer Webpräsenz resultieren können. Diese Auswirkungen und Konsequenzen umfassen unter anderem die positiven und negativen Auswirkungen auf das Firmenimage, die mögliche Zunahme der Nutzer und damit zusammenhängende Umsatzpotenziale, die Möglichkeit von Rechtsstreitigkeiten und deren Vermeidung durch rechtliche

---

[192] http://rnib.org.uk/xpedio/groups/public/documents/publicwebsite/public_ethicalcase.hcsp

Konformität sowie die durch Barrierefreiheit möglichen Kosteneinsparungen (vgl. Tabelle 5.1).

Tabelle 5.1: Einflussfaktoren und Effekte von Web-Accessibility

Image – negativ	neg. Publicity
	Umsatzverluste
Image – positiv	Firmen-, Markenimage
	Umsatzsteigerungen
Rechtshaftung	Prozesskosten und Strafen
	negatives Image
Kosteneinsparungen	vereinfachte Verwaltung
	Geräteunabhängigkeit
	unterschiedliche Versionen
	Serverentlastung
	Suchmaschinen
Umsatzpotentiale	temporäre und permanente Behinderung
	situative Barrieren
	veraltete Hard- und Software
	geringe Bandbreiten
Ethische Motive	soziale Verantwortung

Für konkrete Entscheidungen bezüglich des Webauftrittes und insbesondere der Zugänglichkeit der Website brauchen Führungskräfte fundiertes Zahlenmaterial. Aus diesem Grunde bietet diese Arbeit ein Grundgerüst für eine entsprechende Kostenanalyse, basierend auf Statistiken und Expertenmeinungen.

Die geschätzten zusätzlich entstehenden Mehrkosten als Ergebnis der Analyse von fünf Unternehmensgrößen machen deutlich, dass in den meisten Fällen die Barrierefreiheit einer Website weniger als 0,5% des durchschnittlichen Umsatzes als Investition erfordert. Die Tatsache, dass die involvierten Kosten niedriger als allgemein angenommen sind, soll für Unternehmen einen ersten Anreiz geben, barrierefreie Webpräsenz umzusetzen und sich mit dem Thema der Barrierefreiheit näher und detaillierter auseinanderzusetzen. Somit wird das wichtigste Vorurteil überwunden, dass barrierefreie Webpräsenz zu kostspielig sei. Ferner bietet die Arbeit einem Unternehmen die Möglichkeit, sich mit weiteren Einflussfaktoren auseinander zu setzen.

Ein quantitativer Ansatz kombiniert die Kosten für eine barrierefreie Webpräsenz mit dem Vorteil der durch die Barrierefreiheit steigenden Anzahl von Internetusern, nämlich der gestiegenen Reichweite. Mögliche Kosteneinsparungen pro Reichweitenprozent wurden anhand von je drei Szenarien für die Kosten- und Nutzerentwicklung unter Berücksichtigung der Barrierefreiheit entwickelt. Insgesamt neun Szenarien liefern grobe Schätzwerte der voraussichtlichen Einsparungen als Entscheidungshilfe für Unternehmen und deren Managern, die mit einer derartigen Entscheidung konfrontiert sind. Unter den hier getroffenen Annahmen betragen die möglichen Einsparungen 12% bis 35% der Kosten für ein Prozent der Reichweite einer Webpräsenz. Die Vorteile des effizienten und kostengünstigen barrierefreien Webdesigns, zusammen mit der dadurch ermöglichten Erweiterung der Nutzergruppe, überwiegen daher die höheren Kosten für eine barrierefreie Webpräsenz. Das dargestellte Rahmenwerk als Decision Support unterstützt eine strukturierte Wirtschaftlichkeitsanalyse (Kosten/Nutzen-Analyse) und bildet die Basis für die Beurteilung, ob eine professionelle Webpräsenz den Ansprüchen der Barrierefreiheit entsprechen soll oder die Bedürfnisse der betroffenen Usergruppen vernachlässigt werden. Es wirkt somit den Vorurteilen bezüglich zu hoher Kosten und zu kleiner Zielgruppe entgegen und gibt einen Anstoß und Anreiz, sich mit dem Thema der Barrierefreiheit auseinanderzusetzen.

Der hier gezeigte branchenunabhängige Ansatz dient aufgrund der getroffenen Vereinfachungen und Annahmen lediglich als einfache Orientierungshilfe. Für konkrete Einzelfälle müssen entsprechende (anwendungs-)spezifische Einflüsse in Betracht gezogen werden. Künftige Arbeiten zu diesem Thema könnten daher Studien konkreter und realer Fallbeispiele (case studies, best practice) beinhalten. Dies würde eine detailliertere Analyse der erzielbaren Vorteile ermöglichen, da beispielsweise eine Website mit einem Online-Shop mit Bestellfunktion einen quantifizierbareren Umsatzanstieg im Gegensatz zu einer ausschließlich informativen Site aufweisen kann.

Ein weiterer Fokus zukünftiger Arbeiten könnte auf den im Rahmen einer Risikoanalyse zu berücksichtigenden Pönalien und Strafkosten liegen. Dies spielt besonders in Zukunft eine größere Rolle, da die entsprechende Gesetzgebung in den meisten Ländern entweder noch relativ neu oder noch nicht in Kraft getreten ist und die Auswirkungen erst in den folgenden Jahren genauer abzuschätzen sein werden. Desgleichen fehlen auch ähnliche Untersuchungen über die Auswirkung der Berücksichtigung oder dem Fehlen der Barrierefreiheit auf das Firmenimage, sowohl in positiver als auch in negativer Hinsicht. Marktanalysen könnten hier

Aufschluss über negative Presse, nachteilige Publicity und den möglichen resultierenden Umsatzverlust geben, sollten die Bedürfnisse von Menschen, die zugängliche Webauftritte benötigen, ignoriert werden. In gleicher Weise müssen eingehender die Auswirkungen auf das Image aufgrund positiver Resonanz und verbessertem Ansehen und Ruf analysiert werden.

Abgesehen von den betriebswirtschaftlichen Überlegungen sollte ebenso immer die ethische Sichtweise berücksichtigt werden. Es ist illegal, Personen zu diskriminieren, und es ist die moralische Verpflichtung jedes Einzelnen, die Barrieren für Menschen mit speziellen Bedürfnissen zu vermeiden, insbesondere in einem Bereich wie dem Internet, das die Lebensqualität stark fördern kann. Die Zugänglichkeit einer Webpräsenz bringt eine verbesserte Benutzerfreundlichkeit für jeden User, nicht nur für Menschen mit Behinderungen. Dies wird auch in der Einleitung zu den „Web Content Accessibility Guidelines“ bekräftigt:

> „While there are several business situations to consider, each accessible design choice generally benefits several disability groups at once and the Web community as a whole.“ (WAI WCAG WG, 1999b)

Die Ergebnisse der vorliegenden Untersuchung, insbesondere des Kosten/Nutzenkalküls, legen dar, dass die Einbeziehung der Grundsätze der Barrierefreiheit eines Webauftrittes ein leicht zu erzielendes und kosteneffektives Mittel ist, um das Potenzial zu verbessern. Die Barrierefreiheit einer Webpräsenz stellt nicht nur eine betriebswirtschaftliche Unternehmenschance dar, sondern ist auch ein wichtiger Schritt für die Zukunft, da das Internet sich als Ganzes nach wie vor weiterentwickelt, die Informations- und Kommunikationstechnologien kontinuierlich große Fortschritte machen und – nicht zuletzt – die Konsumenten und Kunden auch älter werden.

Literatur- und Quellenverzeichnis

Alliance for Technology Access: Computer and Web Resources for People with Disabilities (Hrsg.): *A Guide to Exploring Today's Assistive Technology*. Hunter House, Alameda (2000)

Americans with Disabilities Act (ADA): In: *U.S. Department of Education, National Institute on Disability and Rehabilitation Research* (Hrsg.): ADA Document Portal – ADA & IT Technical Assistance Centers http://www.adaportal.org/General/Law/ADA_Statute_TOC.html

BIZEPS – Behindertenberatungszentrum (Hrsg.): „Gleichstellung jetzt!". Wien (1999)

Bundesamt für Sicherheit in der Informationstechnik (BSI) (Hrsg.): „E-Government-Handbuch". In: *BSI-Schriftenreihe zur IT-Sicherheit*, Band 11, Bundesanzeiger Verlag, Köln (2002)

Bundesministerium für soziale Sicherheit und Generationen (BMSG) (Hrsg.): „Leitlinien zur Gestaltung von barrierefreien Websites". Wien (2002)

Bundesministerium für soziale Sicherheit und Generationen (BMSG) (Hrsg.): „Bericht über die Lage der behinderten Menschen in Österreich". Wien (2003)

Bundesministerium für Wirtschaft und Arbeit (BMWI), Referat Kommunikation und Internet (Hrsg.): „Unternehmenspräsentation im Internet". In: *e-f@cts: Informationen zum E-Business*, Ausgabe 11, Berlin (2002a)

Bundesministerium für Wirtschaft und Arbeit (BMWI), Referat Kommunikation und Internet (Hrsg.): „E-Business im Handel". In: *e-f@cts: Informationen zum E-Business,* Ausgabe 14, Berlin (2003b)

Bundesministerium für Wirtschaft und Arbeit (BMWI), Referat Kommunikation und Internet (Hrsg.): „E-Business einführen – aber wie?". In: e-f@cts: Informationen zum E-Business, Ausgabe 3, Berlin (2003a)

Bundesministerium für Wirtschaft und Technologie (BMWI), Referat Öffentlichkeitsarbeit (Hrsg.): „Einfach machen – Barrierefreie Webangebote ‚Service für Betriebe & Unternehmen'". Universum Verlagsanstalt, Wiesbaden (2002b)

Bundesrepublik Deutschland: Barrierefreie Informationstechnik–Verordnung (BITV). In: *Bundesgesetzblatt 2654/2002* (Fassung 17.7.2002)

Bundesrepublik Deutschland: Gesetz zur Gleichstellung behinderter Menschen (BGG). In: *Bundesgesetzblatt 1467* und *1468/2002* (Fassung 25.11.2003)

Bundesversammlung der Schweizerischen Eidgenossenschaft: Bundesgesetz über die Beseitigung von Benachteiligungen von Menschen mit Behinderungen (BehiG) In: *Bundesblatt 51/2002* (Fassung 24.12.2002)

Chamberlain, H.: „Opening Doors to Information Technology – Section 508 of the US Rehabilitation Act of 1973“. In: *Miesenberger, K.*; *Klaus, J.*; *Zagler, W.* (Hrsg.): *8th International Conference on Computers Helping People with Special Needs*. LNCS, Vol. 2398, Springer, Berlin (2002) S. 686–691

Chambers of Commerce of Ireland (Hrsg.): „Chamber SME E-Business Survey 2002“. Dublin (2002)

Clark, J.: *Building Accessible Websites*. New Riders, Indianapolis (2002)

Cook, A. M. und Hussey, S. M.: *Assistive Technologies: Principles and Practice*. Mosby, St. Louis (2002)

CSR Austria: „CSR Leitbild“. Wien (2003a) http://csr.m3plus.net/website/pictures/CSR_leitbild.pdf

CSR Austria: „Initiative CSR Austria“. Wien (2003b) http://csr.m3plus.net/website/output.php?idfile=1022

defrag your mind (Hrsg.): „e-Banking – Nur eine Ansichtssache?“ Wien (2004). http://www.defrag.at/docs/bankenstudie_defrag.pdf

Deiss, R.: „E-Commerce in Europa“. In: *Statistik kurz gefasst*, Thema 4 – 12/2002, Luxemburg (2002)

Deutsche Behindertenhilfe Aktion Mensch (Hrsg.): „www.einfach-fuer-alle.de – Informationen zur barrierefreien Webgestaltung“. ECC Kohtes Klewes, Bonn (2003)

Die Wirtschaft: „50+ und übersehen“. In: Die Wirtschaft ‚Praxis' (Nov. 2002) http://www.die-wirtschaft.at/ireds3/page.php?P=885

Disability Rights Commission (DRC) (Hrsg.): „Formal Investigation report: web accessibility“ London (2004). http://www.drc-gb.org/publicationsandreports/report.asp

Duden: *Wörterbuch der New Economy*. Trendbüro (Hrsg.). Dudenverlag, Mannheim (2001).

Economist: „Over 60 and overlooked: Marketing to the old“. In: The Economist (UK-edition), London, Vol. 364, Nr. 8285, S. 51–52 (10. Aug. 2002)

Europäische Kommission (Hrsg.): „Empfehlung der Kommission vom 6. Mai 2003 betreffend die Definition der Kleinstunternehmen sowie der kleinen und mittleren Unternehmen“. In: *Amtsblatt der Europäischen Union*, L 124/36 (2003)

Europäische Kommission (Hrsg.): „Flash Eurobarometer 135 ‚Internet and the public at large'“ (2002a) http://europa.eu.int/comm/public_opinion/flash/fl135_en.pdf

Europäische Kommission (Hrsg.): „KMU in Europa – inklusive einer ersten Betrachtung der Beitrittsländer“. In: *Beobachtungsnetz der europäischen KMU*, Nr. 2, Belgien (2002b)

Europäische Kommission, European Opinion Research Group (Hrsg.): „Special Eurobarometer 60.0/Wave 201 ‚Issues relating to business and consumer E-Commerce' – Executive Summary“ (2004)

Europäische Kommission, Eurostat (Hrsg.): „Disability and social participation in Europe“. Thema 3. Luxemburg (2001)

Europäische Kommission, Eurostat (Hrsg.): „Grünbuch „Angesichts des demografischen Wandels - eine neue Solidarität zwischen den Generationen“. Brüssel (2005)

Europäische Kommisson (Hrsg.): „Aktionsplan ‚e-Europe'“ Brüssel (2000) http://europa.eu.int/information_society/eeurope/2002/action_plan/pdf/actionplan_de.pdf

Firlinger, B.: *Buch der Begriffe – Sprache, Behinderung, Integration.* Bundessozialamt, Wien (2003)

Fleming, J.: *Web navigation – designing the user experience*. O'Reilly, Beijing (1998)

Forrester Research Inc. und Microsoft: „The Wide Range Abilities and Its Impact on Computer Technology“ (2003) http://www.microsoft.com/enable/research/phase1.aspx http://download.microsoft.com/download/0/1/f/01f506eb-2d1e-42a6-bc7b-1f33d25fd40f/ResearchReport.doc

Frankfurter Allgemeine Zeitung (FAZ): „Fehlender Wettbewerb hemmt Breitband-Internet“. Nr. 255, S. 23 (3. Nov. 2003)

Gates, W. H.: „The Disappearing Computer“. In: The Economist: *The World in 2003*, S. 115 (2002) http://www.microsoft.com/presspass/ofnote/11-02worldin 2003.asp.

GfK (Hrsg.): „Internet: Ein Medium für Fernsehen, Radio und Werbung?“. Online Monitor 1.Quartal 2004. *Pressemeldung 14. April 2004*, Wien (2004) http://www.gfk.at/de/press/releases/reader.aspx?msg=586&lng=EN&ctr=40

Heerdt, V. und Strauss, C.: „A Cost-Benefit Approach for Accessible Web Presence“. In: Klaus, J.; Miesenberger, K.; Burger, D.; Zagler, W. (Hrsg.) *9th International Conference on Computers Helping People with Special Needs.* LNCS, Vol. 3118, Springer, Berlin (2004) S. 323–330

Hellbusch, J. E.: *Barrierefreies Webdesign Praxishandbuch für Webgestaltung und grafische Programmoberflächen.* dpunkt.verlag, Heidelberg (2004)

Hellbusch, J. E. und Mayer, T: *Barrierefreies Webdesign.* KnowWare-Verlag, Osnabrück (2005)

Hinner, K.: *Internet-Lexikon – das Netz im Griff von A bis Z.* Spitzner, C. (Hrsg.), Dt. Taschenbuch-Verlag, München (2001)

Icomedias und Universität Graz (Hrsg.): „Studie: Barrierefreies Internet in Österreich – Städte, Firmen, Kirchen, Interessenvertretungen, Medien“. Graz (2003) http://icomedias.com/cms/dokumente/1000339 7/7306dba5/studie_barrierefreiheit.pdf

Impulse und IBM (Hrsg.): „Internet und E-Business im Mittelstand“. G+J Wirtschaftspresse, Köln (2003)

Integral (Hrsg.): „AIM - Austrian Internet Monitor – AIM Internet-Entwicklung 4. Quartal 2001“. Wien (2001) http://www.integral.co.at/dImages/ AIM4.pdf

Integral (Hrsg.): „AIM - Austrian Internet Monitor – AIM Internet-Entwicklung 4. Quartal 2002“. Wien (2002) http://www.integral.co.at/dImages/AIM-K%204.%20 Qu.%2002.ppt

Integral (Hrsg.): „AIM - Austrian Internet Monitor – AIM Internet-Entwicklung 4. Quartal 2003“. Wien (2003a). http://www.integral.co.at/dImages/ AIM-K%204.%20Quartal%202003.ppt

Integral (Hrsg.): „AIM-Business Okt. 03 – Pressetext“. Wien (2003b). http:// www.integral.co.at/dImages/Pressetext_AIM-Business Okt03.doc

International Classification of Functioning, Disability and Health (ICF): „ICF Introduction“. http://www3.who.int/icf/intros/ICF-Eng-Intro.pdf

International Telecommunication Union (Hrsg.): „Challenges to the Network: Internet for Development – Executive Summary“ Genf (1999) http://www.itu.int/ITU-D/ict/publications/inet/1999/chal_exsum.pdf

Kommers, N. und Rainie, L.: „Use of the Internet at Major Life Moments“ In: *PEW Internet & American Life Project.* Washington (2002) http://www.pewinternet.org/reports/toc.asp?Report=58

Lenhart, A.: „The ever shifting internet population: A new look at Internet access and the digital divide“. (Part 7: Americans with Disabilities: A Special Analysis) In: *PEW Internet & American Life Project*. Washington (2003) http://www.pew internet.org/reports/toc.asp?Report=88

McMillan, W.W.: „Computing for users with special needs and models of computer-human interaction: Striking a balance“. In *Bauersfeld, P., Bennett, J. and Lynch, G.* (Hrsg.) In: *Proceedings of ACM Conference on Human Factors in Computing Systems `92*. Addison Wesley, Monterey (1992) S. 143–148

Miesenberger, K.: „Technologien für Behinderte und ältere Menschen“. In: *OCG* (Hrsg.): *COMPUTER kommunikativ – Das Magazin der Oesterreichischen Computer Gesellschaft.*, 27. Jhg. 4/2002, Wien (2002) S. 31–33

Organisation for Economic Co-operation and Development (OECD) (Hrsg.): *Transforming Disability into Ability – Policies to Promote Work and Income Security for Disabled People*. OECD, Paris (2003)

Ottens, M.: „Statistiken zur Informationsgesellschaft in Europa“. In: *Statistik kurz gefasst*, Thema 4 – 38/2003. Luxemburg (2003)

Paciello, M. G.: *Web Accessibility for People With Disabilities*. CMP Books, Lawrence (2000)

Republik Österreich: Bundes-Verfassungsgesetz (B-VG) In: *Bundesgesetzblatt 1/1930* (Fassung 1.1.2004)

Republik Österreich: E-Government-Gesetz (E-GovG) In: *Bundesgesetzblatt 10/2004* (Fassung 03.01.2004)

Republik Österreich: Einführungsgesetz zu den Verwaltungsverfahrensgesetzen 1991 (EGVG) In: *Bundesgesetzblatt 50/1991* (Fassung 1.1.2002)

Republik Österreich: Entwurf Bundesgesetz über die Gleichstellung von Menschen mit Behinderungen (BGStG) http://www.bmsg.gv.at/cms/site/attachments/8/1/4/CH0351/CMS1077786616943/bmsg_entwurf_vorbegutachtg.pdf

Roland Berger und Diamond:dogs (Hrsg.): „webcheck 2002: Die Bedeutung des Internets für Österreichs Top 500 Unternehmen“. Wien (2002)

Rundfunk und Telekom Regulierungs-GmbH (RTR): „Breitbandinitiative 2003: Österreich auf dem Weg zum Spitzenplatz in der Informationsgesellschaft (Breitband Status Report), Wien (2003) http://www.rtr.at/web.nsf/lookuid/0808B704869D1DDFC1256E55006612EC/$file/Breitbandstatusbericht.pdf

Sandhu, J., Carruthers S. und Delaney L: „Demography trends and issues". In: *Besson, R.* (Ed): *Proceedings of the 5th COST 219 Conference on Trends in technologies for disabled and elderly.* Gummerus printing, Jyväskylä (1995)

Schmiemann, M.: „Unternehmen in Europa – Spielt die Größe eine Rolle?". In: *Statistik kurz gefasst*, Thema 4 – 39/2002, Luxemburg (2002)

Schweizerische Bundesrat: Verordnung über die Beseitigung von Benachteiligungen von Menschen mit Behinderungen (BehiV) In: *Systematische Sammlung des Bundesrechts 151.31* (Fassung 1.1.2004)

Senioragency International: „It's where the money is" http://www.senioragency.com/press_articles/press_release2.php

Sierkowski, B.: „Achieving web accessibility". In: *Proceedings of the 30th annual ACM SIGUCCS conference on User services.* ACM Press, Providence (2002) S. 288–291

Slatin, J. M. und Rush, S.: *Maximum Accessibility: Making Your Web Site More Usable for Everyone.* Addison-Wesley, Boston (2002)

Sloan, M.: „Web Accessibility and the DDA". In: *Journal of Information, Law & Technology*, 2001. http://elj.warwick.ac.uk/jilt/01-2/sloan.html

Statistik Austria: „IKT-Einsatz in Haushalten - Ergebnisse der Europäischen Erhebung über den Einsatz von Informations- und Kommunikationstechnologien in Haushalten 2004", Wien (2004) ftp://www.statistik.at/pub/neuerscheinun gen/2005/ikt2004.pdf

Strauß, R.E. und Schoder, D.: eReality: Das e-business-Bausteinkonzept – Strategien und Erfolgsfaktoren für das e-business-Management. F.A.Z.-Institut, Frankfurt (2002)

Taylor, H.: „How the Internet is Improving the Lives of Americans with Disabilities". In: *Harris Interactive: The Harris Poll*, Nr. 30. Rochester (2000) http://www.harrisinteractive.com/harris_poll/index.asp?PID=93

Taylor, H.: „Those with Internet Access to Continue to Grow but at a Slower Rate". In: *Harris Interactive: The Harris Poll*, Nr. 8. Rochester (2003) http://www. harrisinteractive.com/harris_poll/index.asp?PID=356

Thatcher, J., Bohman, P., Burks, M., Henry, S., Regan, B., Swierenga, S., Urban, M. und Waddell, C.: *Constructing Accessible Web Sites.* Glasshaus, Birmingham (2002)

The Access Board: Section 508, The Rehabilitation Act Amendments (1998) http://www. access-board.gov/sec508/guide/act.htm

Tréguer, J.P.: *50+ Marketing – Marketing, Communicating, and Selling to the over 50s Generations*. Palgrave, Basingstoke (2002)

United Nations, Population Division, Department of Economic and Social Affairs (Hrsg.): „Population Ageing 2002". New York (2002) http://www.un.org/esa/ population/publications/ageing/Graph.pdf

Web Accessibility Initiative, Authoring Tool Accessibility Guidelines Working Group (WAI AUWG): „Authoring Tool Accessibility Guidelines 1.0". (2002) http://www.w3.org/TR/ATAG10/

Web Accessibility Initiative, Education and Outreach Working Group (WAI EOWG): „Auxiliary Benefits of Accessible Web Design". (2002) http://www.w3.org/WAI/bcase/benefits.html

Web Accessibility Initiative, Education and Outreach Working Group (WAI EOWG): „Developing a Web Accessibility Business Case for Your Organization: Overview ". (2004a) http://www.w3.org/WAI/EO/Drafts/bcase/Overview.html

Web Accessibility Initiative, Education and Outreach Working Group (WAI EOWG): „How People with Disabilities Use the Web". (2004b) http://www.w3.org/WAI/EO/Drafts/PWD-Use-Web/

Web Accessibility Initiative, Evaluation and Repair Tools Working Group (WAI ERT WG): „Evaluation, Repair, and Transformation Tools for Web Content Accessibility". (2005) http://www.w3.org/ WAI/ER/existingtools.html

Web Accessibility Initiative, Web Content Accessibility Guidelines Working Group (WAI WCAG WG): „Checklist of Checkpoints for Web Content Accessibility Guidelines 1.0". (1999a) http://www.w3.org/TR/WCAG10/full-checklist.html

Web Accessibility Initiative, Web Content Accessibility Guidelines Working Group (WAI WCAG WG): „Core Techniques for Web Content Accessibility Guidelines 1.0". (2000a) http://www.w3.org/TR/WCAG10-CORE-TECHS/

Web Accessibility Initiative, Web Content Accessibility Guidelines Working Group (WAI WCAG WG): „Techniques for Web Content Accessibility Guidelines 1.0". (2000b) http://www.w3.org/TR/WCAG10-TECHS/

Web Accessibility Initiative, Web Content Accessibility Guidelines Working Group (WAI WCAG WG): „Web Content Accessibility Guidelines 1.0" (1999b) http://www.w3.org/TR/WCAG10/

Web Accessibility Initiative, Web Content Accessibility Guidelines Working Group (WAI WCAG WG): „Web Content Accessibility Guidelines 2.0“ (2004) http://www.w3.org/TR/WCAG20/

Web Accessibility Initiative, Web Content Accessibility Guidelines Working Group (WAI WCAG WG): „Web Content Accessibility Guidelines Impact Matrix – Draft Note“. (1999c) http://www.w3.org/WAI/GL/WCAG-impact-matrix

Web Accessibility Initiative, Web Content Accessibility Guidelines Working Group (WAI WCAG WG): „Zugänglichkeitsrichtlinien für Web-Inhalte 1.0 – Deutsche Übersetzung“. (2002) http://www.w3c.de/Trans/WAI/webinhalt.html

Web Accessibility Initiative, User Agent Accessibility Guidelines Working Group (WAI UAWG): „ User Agent Accessibility Guidelines 1.0 “. (2002) http://www.w3.org/TR/UAAG10/

Zechner, A. (Hrsg.): *Startbuch Internet.* Falter-Verlag, Wien (2001)

Folgende Websites wurden im Rahmen dieser Arbeit verwendet:

Barrierefreies Webdesign
http://www.barrierefreies-webdesign.de/

Bartlett, Kynn
http://www.kynn.com/

BIZEPS – Einfach-für-alle
http://www.service4u.at/access/

BIZEPS – Zentrum für Selbstbestimmtes Leben
http://www.bizeps.or.at

Bundeskanzleramt, Stabstelle IKT-Strategie: „Europa und int. Beziehungen“
http://www.cio.gv.at/international/

Bundesministerium für soziale Sicherheit, Generationen und Konsumentenschutz
http://www.bmsg.gv.at

Bunnyfoot Usability & Accessibility Specialists
http://www.bunnyfoot.com/

Center for IT Accommodation „Section 508“
http://www.section508.gov/

Centre Europeen de Recherches Nucleaires (CERN)
www.cern.ch

Clark, Joe
http://joeclark.org/

Computer Industry Almanac
http://www.c-i-a.com/

CSR Austria
http://www.csr-austria.at/

Disability Rights Commission (DRC)
http://www.drc-gb.org/

e_day, Wirtschaftskammer Österreich
http://www.eday.at/

Einfach für Alle – Informationen zum barrierefreien Webdesign
http://www.einfach-fuer-alle.de

Europäische Kommisson „e-Accessibility: Accessibility and Information Society“
http://europa.eu.int/information_society/topics/citizens/accessibility/index_en.htm

European Year of People with Disabilities 2003 (EYPD)
http://www.eypd2003.org

IBM
http://www.ibm.com

Integral
http://www.integral.co.at

International Organization for Standardization (ISO)
www.iso.org

Microsoft
http://www.microsoft.com

ORF-Medienforschung – Austrian Internet Radar (AIR)
http://mediaresearch.orf.at/internet.htm

Ottakringer Brauerei
www.ottakringer.at

Royal National Institute of the Blind (RNIB)
http://www.rnib.org.uk

SAP
http://www.sap.com

Statistik Austria
http://www.statistik.at/

Stiftung Digitale Chancen
http://www.digitale-chancen.de/

U.S. Department of Justice: ADA Home Page – Information and Technical Assistance on the Americans with Disabilities Act
http://www.ada.gov

Verein Arbeitsgemeinschaft Media-Analysen
http://www.media-analyse.at

Web Accessibility Initiative (WAI)
http://www.w3.org/WAI/

World Wide Web Consortium (W3C)
http://www.w3.org

Word Wide Web Consortium (W3C): „Mailing-lists Search service“
http://www.w3.org/Search/Mail/Public/

INDEX

I

K

L

M

N

O

P

R

S

T

U

Nicole Klein

Customer Care im Internet

Eine Analyse des Zusammenhangs von Kundenorientierung, Kundenbetreuung, Kundenzufriedenheit und Kundenbindung unter besonderer Berücksichtigung des Mediums Internet am Beispiel der Robert Bosch GmbH

Frankfurt am Main, Berlin, Bern, Bruxelles, New York, Oxford, Wien, 2005.
XIX, 326 S., zahlr. Abb., und Graf.
Europäische Hochschulschriften: Reihe 5, Volks- und Betriebswirtschaft. Bd. 3111
ISBN 3-631-52996-1 · br. € 56.50*

Bislang wurden die Themen Kundenorientierung, Kundenbetreuung, Kundenzufriedenheit und Kundenbindung zwar bereits wissenschaftlich bearbeitet, jedoch meistens gesondert voneinander betrachtet. Ziel dieser Arbeit ist die Integration dieser einzelnen Bausteine in ein in sich schlüssiges, strukturiertes und speziell auf die Anforderungen des Internet ausgerichtetes Konzept. Mit Hilfe der Methodik einer *Balanced-Scorecard* wurde eine *Customer-Care-Scorecard* entwickelt, die für alle kundenbezogenen Bereiche Ziele, Maßnahmen und überprüfbare Indikatoren aufzeigt. Als Ergebnis bietet diese Untersuchung den Unternehmen ein umsetzbares Konzept zur Realisierung einer erfolgreichen und wirtschaftlichen Anbieter- (End-)Kunden-Beziehung im Internet.

Aus dem Inhalt: Praktische, theoretische und methodische Grundlagen · *Balanced-Scorecard* · *Customer-Care-Scorecard* · Kundenorientierung im Internet · Kundenbetreuung im Internet · Kundenzufriedenheit im Internet · Kundenbindung im Internet · Empirische Analyse · Onlineumfrage zu Customer Care im Internet · Zusammenfassung

Kolibri 360 GmbH
Ferdinand-Jühlke-Straße 7
99095 Erfurt, Deutschland
produktsicherheit@kolibri360.de

Druck:
CPI Druckdienstleistungen GmbH
im Auftrag der
Kolibri 360 GmbH
Ferdinand-Jühlke-Str. 7
99095 Erfurt